# Breve Vida de Juan-Claudio Colín, Fundador Marista

## Justin Taylor, sm

Retrato de sacerdote sentado (J-C Colin)

# Breve Vida de Juan-Claudio Colín, Fundador Marista

adaptado del libro *Jean-Claude Colin, Reluctant Founder*

Justin Taylor, sm

ESPAÑA
2021

traducción por:  François Chauvet sm
editora:          Gabriel Bueno Siqueira
Layout:           Extel Solutions, India
Font:             Minion Pro

ISBN:  978-1-922737-05-2    soft
       978-1-922737-06-9    hard
       978-1-922737-07-6    epub
       978-1-922737-08-3    pdf

ESCANÉAME

Published and edited by

ESPAÑA

Making a lasting impact

An imprint of the ATF Press Publishing Group
owned by ATF (Australia) Ltd.
PO Box 234
Brompton, SA 5007
Australia
ABN 90 116 359 963
www.atfpress.com

# Tabla de contenido

# créditos fotográficos

**Frontispicio**, paginas 1, 7, 8, 13, 15, 31, 39, 46, 47, 53, 59, 62, 63, 67, 69, 74: Ron Nissen sm.

**Pagina** 6: *Fourvière: à travers les siècles*, J. Escot, Lyon, 1954.

**Paginas** 21, 54, 68, 81, 82: Archivo General de la Sociedad de María.

**Pagina** 41: Archivo de la Diócesis Católica de Auckland.

**Pagina** 44: Andrew Murray sm.

# Nota Introductoria

---

Esta breve vida de Juan-Claudio Colín es una síntesis y adaptación de la biografía completa del Justin Taylor, *Juan-Claudio Colín, Fundador Renuente* (Hindmarsh, SA: ATF Press, 2018). el Sr Hilary D Regan y Gabriel Bueno Siqueira, editores de esa obra, dio su amable permiso para esta edición. Los lectores que deseen obtener mayor información sobre la vida de Juan-Claudio Colín o sobre las fuentes utilizadas pueden consultar la biografía completa.

Agradezco a Alois Greiler, sm, y a Ron Nissen, sm, quienes leyeron un borrador anterior de este texto e hicieron comentarios y sugerencias muy útiles para mejorarlo.

# Capítulo 1
# Juan-Claudio Colín: una introducción

---

Juan-Claudio Colín y la Sociedad de María, de la cual él es una figura fundadora, pertenecen al amplio contexto de la respuesta del catolicismo francés—y más ampliamente del cristianismo europeo— al desafío que representa la era moderna. En Francia, el mundo moderno irrumpió en la escena mundial con la gran Revolución de 1789, que llevó a la persecución de la Iglesia. Sin embargo, incluso sin el drama y el trauma de la Revolución, la nueva civilización que identificamos como *modernidad* llegaría a convertirse en un grave desafío para el catolicismo francés. Las nuevas formas de pensamiento que se llaman convenientemente la Ilustración, la indiferencia religiosa, el ascenso de las clases medias al poder económico y político, el capitalismo, la industrialización y la urbanización, los descubrimientos europeos de nuevas tierras y poblaciones en los Mares del Sur, todos estos nuevos fenómenos exigían una respuesta por parte del cristianismo europeo. Esa respuesta no fue de ninguna manera solamente negativa. La nueva era también presentaba nuevas posibilidades y despertaba una nueva vitalidad.

Colín nació poco más de un año después de la toma de la Bastilla, el 7 de agosto de 1790. Antes de cumplir cinco años, ya había perdido a sus dos padres, víctimas, incluso mártires según él, de la Revolución, por las penurias sufridas

Cruz conmemorativa (Barbery)

1

a causa del apoyo que le dieron a su párroco no juramentado. De su infancia guardó el recuerdo de las misas clandestinas y de los sacerdotes perseguidos. Estas fueron experiencias calculadas para darle a él y a no pocos de sus contemporáneos una visión apocalíptica de la historia del mundo, en completa oposición con la confianza dominante en el 'progreso'.

Lo más interesante de él fue que ideó una respuesta nueva y al parecer única al desafío de lo que ahora llamamos la 'secularización'. Esto lo resumió en la expresión: 'Desconocidos y ocultos en este mundo'. Como respuesta a lo que él consideraba el engreimiento de la nueva era, es decir, su característico sentido de la autonomía humana, Colín recomendó la humildad y el olvido de uno mismo, no sólo individual, sino también corporativa e institucionalmente. En esto se inspiró en su lectura de la presencia de María en 'la Iglesia naciente' [*l'Église naissante*]. Su intuición es tan oportuna y necesaria hoy como lo ha sido siempre.

Colin pertenece a una notable generación de hombres y mujeres que representan la respuesta del catolicismo francés a la nueva era, respuesta que consistió en un vigoroso y variado florecimiento de la vida, la espiritualidad y la acción apostólica católicas. Uno de las regiones más importantes del renacimiento católico fue la región de Rhône-Alpes, centrada en Lyon, en ese momento la segunda ciudad de Francia y sede primacial de 'las Galias'. Esta región formaba de hecho una cierta unidad tanto cultural como geográfica: la lengua materna hablada por las poblaciones rurales de esta región no era el francés, sino el 'patois' local o dialecto del idioma que ha sido identificado en la época moderna como franco-provenzal, ya que estaba relacionado, pero era distinto tanto del francés hablado más al norte como del provenzal hablado más al sur. Este idioma, que se extendía más allá de Francia hasta Suiza e incluso partes de Italia, nunca adquirió una forma estándar que pudiera utilizarse como lengua escrita y, desde el siglo XVI, el francés se había abierto camino en la región como el idioma de la administración y la educación oficiales.

Lyon ha siempre admirado a sus mártires del siglo II, incluyendo a sus primeros obispos, Potino e Ireneo, la sirvienta Blandina, y a muchos otros santos a través de los tiempos, hasta los tiempos modernos. Entre los santos y santas de la diócesis de Lyon en la época postrevolucionaria están: Antoine Chevrier, fundador de la obra del Prado; Pauline Jaricot, fundadora de la Obra de la Propagación de la Fe; Louis Querbes, fundador de los Catequistas de San Viator; Frédéric Ozanam (Lionés de adopción), fundador de la Obra de San Vicente de Paúl; Juan-Pedro Néel, sacerdote misionero, mártir.

En el extremo oriental de la región, en la frontera con Suiza y Saboya (antes un ducado independiente) se encuentra el departamento del Ain, con su capital histórica (aunque ya no es el centro administrativo) y sede episcopal de Belley. La diócesis prerrevolucionaria de Belley también ha sido cuna de muchos santos. La diócesis restaurada en 1822 pronto tuvo un nuevo registro de santos por nacimiento o adopción, en primer lugar, por supuesto, el Cura de Ars, Juan María Vianney; pero también Juan Bautista Bottex, una de las víctimas de la masacre de Carmes del 3 de septiembre de 1792; Gabriel Taborin, fundador de la Congregación de los Hermanos de la Sagrada Familia de Belley; Rosalía Rendu, Hermana de la Caridad.

Originario de Saint-Bonnet-de-Troncy (Ródano), Colín, como veremos, pasó gran parte de su vida en el departamento del Ain. Aunque al principio no estaba seguro de su vocación sacerdotal, estudió en Saint-Jodard (Loira) y en otros seminarios menores, y luego en el Seminario Mayor de San Ireneo en Lyon. En esta época, la diócesis de Lyon, dirigida por el cardenal Fesch, tío del emperador Napoleón, comprendía los tres departamentos del Loira, del Ródano y del Ain. Este hecho reunía como compañeros de estudios a jóvenes que, de otra manera, nunca se habrían encontrado. Un año más adelantado que Colín se encontraba Juan-María Vianney, a quien Colín consultó en Ars varias veces durante los años siguientes. Otro compañero de seminario, que se convertiría en un estrecho colaborador de Colín, era el futuro San Marcelino-José-Benoît Champagnat, nacido en Marlhes, cerca de Saint-Étienne (Loira) en 1789.

# Capítulo 2
## La Sociedad de María

Antes de su ordenación el 22 de julio de 1816, tanto Colín como Champagnat, junto con varios otros, habían sido reclutados en un grupo que aspiraba a fundar una Sociedad de María y cuyos miembros se llamarían Maristas. El iniciador de este proyecto fue un compañero del seminario, Juan-Claudio Courveille, que había llegado a San-Ireneo desde Le Puy-en-Velay (Haute-Loire), donde, arrodillado en oración ante la Virgen Negra de la catedral, había 'oído' a la Santísima Virgen decir que quería una sociedad que llevara su nombre para realizar su obra. Iba a ser una especie de equivalente a la Compañía de Jesús, y suscitada, como la Compañía de San Ignacio en la época de la Reforma, en un periodo de crisis en la Iglesia. Pensaban en dedicarse a una vida de predicación, catequesis, confesiones en las parroquias rurales de la región, a menudo abandonadas, y eventualmente, en un ámbito más amplio, la educación, e incluso las misiones extranjeras.

El nombre 'Sociedad de María' estaba 'en el aire' a finales del siglo XVIII y principios del XIX. Ya en 1792, durante el período en que la Compañía de Jesús fue suprimida, Bernard Dariès dio este nombre a un nuevo proyecto que circuló entre los exiliados franceses en España. En el mismo período, algunos antiguos Jesuitas se reagruparon bajo el nombre de 'Sociedad de María'. Parece, sin embargo, que Courveille y sus compañeros no conocían ninguna de estas iniciativas. En 1817, en Burdeos, Guillaume Joseph Chaminade, que no sabía nada de lo que sucedía en Lyon, también fundó una Sociedad de María (los Marianistas). El nombre 'Maristas', que Courveille creía que también provenía de la propia Santísima Virgen, no fue, de hecho, utilizado por nadie más.

Para Juan Claudio Colín, la llamada de María era irresistible desde su infancia, cuando su madre había encomendado en su

Antigua capilla y gente (Fourvière)

lecho de muerte a todos sus hijos, que pronto quedarían huérfanos, al cuidado maternal de la Santísima Virgen. Ya antes de ingresar al seminario mayor, había estado pensando en algún tipo de instituto apostólico con el nombre de María. Marcelino Champagnat, por su parte, tenía ya un proyecto de congregación de hermanos educadores y persuadió a los demás aspirantes Maristas para que lo incluyeran en la Sociedad de María, que también comprendería religiosas y terciarios laicos.

Notemos el origen relativamente humilde de todos estos jóvenes, nacidos en familias de pequeños propietarios rurales o artesanos. Puede ser un efecto inesperado de la Revolución y su *égalité* el que se sintieran competentes para fundar una nueva sociedad religiosa en lugar de buscar a alguien de clase social más alta, típicamente un miembro de la pequeña nobleza, como la mayoría de los fundadores religiosos lo habían sido hasta entonces. El 23 de julio de 1816 el grupo compuesto por doce miembros se reunió por última vez en el santuario mariano de Fourvière, con vista a la ciudad, donde su líder Juan Claudio Courveille celebró su primera misa y dio la sagrada comunión a sus camaradas. Durante la celebración, colocaron bajo el corporal un documento, que todos habían firmado, en el que se comprometían a hacer todo lo posible por fundar la Sociedad de María.

El recién ordenado Juan-Claudio Colín se inició en el ministerio sacerdotal como coadjutor de su hermano Pedro en Cerdón (Ain). Situado en la intersección de tres valles en el extremo norte de los montes del Bugey, a diecinueve kilómetros de Nantua, Cerdón era una escala en la ruta de Lyon a Ginebra. En 1832 tenía una población de 1745 habitantes. Las viñas crecen en una de las laderas cercanas, y Cerdón era y sigue siendo conocido regionalmente por su agradable vino ligeramente espumoso.

Vista del pueblo en el valle (Cerdon)

Cerdón no había escapado a las consecuencias de los extraordinarios acontecimientos de 1814 a 1816. El pueblo, como el resto de la región del Bugey y de Lyon, era de tendencia bonapartista. Cerdón había experimentado las consecuencias de las derrotas de Napoleón en 1814 y 1815, como la invasión por un ejército austriaco basado en Suiza y el pago de las reparaciones de guerra. La región también sufrió el desastroso verano de 1816 y, en los meses de invierno de 1817, muchos habitantes sufrieron verdaderas penurias. Estos eventos, que fueron descritos por el maestro de la escuela del pueblo, ciertamente habrán tenido un impacto en los sacerdotes recién llegados. Sabemos por los registros municipales que Pedro Colín, como párroco, estaba en un comité de ayuda organizado por el alcalde, que decidió utilizar el dinero destinado a la reparación de la torre de la iglesia para un fondo de emergencia.

La iglesia, situada en una colina en el centro del pueblo, había sido saqueada el 3 de diciembre de 1793, su torre destruida y su mobiliario quemado. Después de la restauración del culto con el Concordato de 1801, Cerdón fue atendido por varios sacerdotes. La parroquia a la que llegaron los hermanos Colín estaba, según todos los indicios, en buen estado.

Retrato de una religiosa
(J-M Chavoin)

Al poco tiempo, Juan-Claudio reclutó a Pedro para el proyecto marista y comenzó a escribir una regla para la Sociedad de María. En 1817, Marcelino Champagnat, coadjutor de La Valla (Loire), comenzó a reclutar y formar a los primeros 'Hermanitos de María', y Pedro Colín invitó a dos jóvenes que conocía, Jeanne-Marie Chavoin, nacida en Coutouvre (Loire) en 1786, y Marie Jotillon, a venir a Cerdón y comenzar la rama de las Hermanas Maristas. En 1819, Juan-Claudio hizo el voto de ir a Roma, para revelar al Santo Padre lo que él creía eran los orígenes sobrenaturales de la Sociedad.

Sin embargo, los aspirantes maristas no recibieron para su proyecto el apoyo de los vicarios generales que gobernaban la diócesis de Lyon en nombre del cardenal Fesch, exiliado en Roma tras la caída de su sobrino Napoléon. Querían mantenerlos exclusivamente al servicio de la diócesis, incluso fusionarlos con los recién fundados misioneros diocesanos de la Cruz de Jesús ('Chartreux'). Desanimados, la mayoría de los aspirantes originales concluyeron que el proyecto no iba a ninguna parte y se alejaron. En estos tiempos difíciles, Juana-María Chavoin animó y apoyó a Pedro y Juan-Claudio.

En enero de 1822, Courveille y los dos hermanos Colín escribieron al Papa Pío VII sobre su proyecto. El Papa les contestó con un cauteloso apoyo y les ordenó que vieran a su nuncio en París. Fue Juan Claudio Colín quien hizo dos viajes a la capital, donde mostró su regla al nuncio, Mgr Macchi, y también a los Padres Sulpicianos, quienes comentaron que era más adecuada 'para los ángeles que para los hombres'.

Es probable que, si los Maristas hubieran presentado un plan sencillo para una congregación de sacerdotes dedicados a la predicación de misiones y a la educación, y se hubieran preparado para asumir misiones en el extranjero, pronto habrían obtenido la aprobación de Roma. Al contrario, un proyecto de una Sociedad con varias ramas, compuesta por sacerdotes, hermanos, hermanas y laicos, iba a resultar inaceptable. Además, la regla de Colín -de la que sólo existen fragmentos en la actualidad- no era en absoluto el tipo de documento que los canonistas requerían en una congregación religiosa nueva. Esta regla era utópica, tanto en el sentido de ser altamente idealista, como en el sentido de estar basada en una visión del lugar de la Sociedad de María en la Iglesia y, de hecho, en la historia del mundo, que es importante conocer si queremos captar toda la verdad de Juan-Claudio Colín.

Esta visión utópica se expresa en el Sumario de las reglas de la Sociedad de María, que Colín compuso en 1833: 'El objetivo general de la Sociedad es contribuir de la mejor manera posible . . . a reunir a todos los miembros de Cristo . . . para que al final de los tiempos como al principio, todos los fieles puedan, con la ayuda de Dios, tener un solo corazón y una sola alma [cf. Hechos 4:23] en el seno de la Iglesia Romana, y que todos, caminando dignamente ante Dios y bajo la guía de María, puedan alcanzar la vida eterna'. Colín repetía a menudo un dicho que atribuía a la misma Virgen María: 'Yo fui el sostén de la Iglesia en su nacimiento; lo seré también al final de los tiempos'. A menudo decía que la Iglesia primitiva—literalmente 'la Iglesia naciente'—era el único modelo de la Sociedad de María. Según el libro de los Hechos de los Apóstoles, el estado ideal de la Iglesia habría existido en sus orígenes, cuando María había sido su sostén y todos los creyentes tenían un solo corazón y una sola alma y compartían sus bienes. Colin esperaba que esta situación se repetiría al 'final de los tiempos', cuando María sería de nuevo el sostén de la Iglesia. Creía que, en esta realización escatológica, la Santísima Virgen tendría un papel clave, y que Ella quería que su Sociedad la llevara a cabo en nombre suyo. Ese era el propósito de su fundación y existencia. Mientras tanto, la Sociedad se esforzaría por lograr, e incluso modelar, la 'nueva Iglesia' que se asemejaría a la Iglesia de los Hechos. Tal percepción del rol de una congregación nueva, que pedía ser aprobada, no podía menos que parecer poco realista—quizás incluso subversiva—a las autoridades eclesiásticas de cabeza dura. De hecho, resultaría ser incomprensible incluso para muchos de los que se unirían más adelante a la Sociedad de María.

En 1822 se restableció la diócesis de Belley, que comprende el departamento del Ain. Esto significaba que los aspirantes Maristas se hallaban ahora en dos diócesis diferentes y ante dos administraciones diocesanas distintas. El nuncio envió el expediente marista al nuevo obispo de Belley.

Alexandre-Raymond Devie, nacido en 1767 en Montélimar (Drôme), fue un hombre notable y un gran obispo, que podría haber ocupado la sede episcopal de alguna de las diócesis más destacadas, pero eligió permanecer toda su vida en Belley. Desde el principio se dedicó al bienestar espiritual de su rebaño, a la organización de la nueva diócesis y a la formación del clero. Viajó incansablemente por el departamento de Ain en un carruaje que había equipado para poder leer y escribir mientras viajaba. Vio cómo los sacerdotes y religiosos maristas podían participar en los planes que tenía para su diócesis, pero no tenía intención de promover su objetivo de obtener la aprobación papal como congregación al servicio de la Iglesia universal.

En 1824, Mons. Devie impuso el hábito religioso a Jeanne-Marie Chavoin y a las jóvenes que se habían unido a ella en la comunidad de Cerdón. También permitió que uno de los pocos aspirantes maristas que quedaban, Étienne Déclas, se uniera a Pedro y Juan-Claudio Colín en Cerdón, para que pudieran comenzar misiones en las parroquias vecinas. Mientras tanto, cerca de Saint-Chamond (Loira), Marcelino Champagnat y sus hermanos habían construido un gran edificio, llamado 'el Hermitage', para servir como casa madre y centro de formación de los Hermanitos de María, que crecían rápidamente en número y establecían escuelas en muchas parroquias. La Sociedad de María, con sus múltiples ramas, pasaba así del sueño a la realidad.

# Capítulo 3
## Predicador de Misiones en el Bugey

En 1825, Mons. Devie trajo a Belley a ambas comunidades de hermanas y sacerdotes. La población de la ciudad episcopal en 1832, seis años después de la llegada de los maristas, era de 4,286 habitantes. La hierba crecía en sus calles. Aunque Belley estaba a la misma distancia de Cerdón que Lyon, los hermanos Colín y Jeanne-Marie Chavoin nunca habían estado allí sino hasta que se encontraron en la nueva diócesis. Colín se maravilló después de que un lugar tan pequeño y remoto fuera el lugar de nacimiento de una Sociedad que había adquirido un alcance global. Sólo podía compararlo con Nazaret, el improbable lugar donde la Iglesia comenzó con la Sagrada Familia.

El plan pastoral de Mons. Devie para su diócesis incluía programas sistemáticos de misiones parroquiales para fortalecer y, cuando fuera necesario, reavivar la fe y la práctica católica después de los disturbios provocados por la Revolución y la consiguiente desintegración de la Iglesia y la propagación de la indiferencia y la enajenación religiosa. En este contexto, los sacerdotes Maristas, que no deseaban otra cosa que predicar, catequizar y confesar, podían formar un grupo de misioneros diocesanos. El Papa León XII proclamó en 1825 (prolongado hasta 1826) un Año de Jubileo, el primero desde 1775, y, en su encíclica 'Charitate Christi', declaró que deseaba que fuera una celebración de la misericordia divina, que permitiría al mayor número posible de personas a acudir al sacramento de la Penitencia, para obtener la reconciliación y la absolución.

Esto fue música para los oídos de Raymond Devie, quien determinó usar el Jubileo para contrarrestar el tradicional rigorismo del clero francés en la enseñanza moral y la administración del Sacramento de la Penitencia. Ya como vicario general de la diócesis de Valence (Drôme), había introducido la teología moral y la práctica confesional de San Alfonso de Ligorio, que se caracterizaban por un realismo pastoral y un prudente punto medio entre el excesivo rigor y la laxitud. La beatificación de San Alfonso en 1816 había dado el sello de aprobación papal a su enseñanza y la había promovido fuera de su Italia natal. Mons. Devie dio seguimiento a la encíclica papal de 1825 con su propia carta circular del 26 de septiembre de 1826 a todos los sacerdotes de su diócesis. El Jubileo sería el momento de redoblar el celo y los esfuerzos para llegar a aquellos que estaban alejados de la Iglesia por la laxitud o la indiferencia, más que por la 'impiedad'. Se celebraría en la diócesis durante seis meses a partir de noviembre de 1826, durante los cuales los fieles podrían cumplir las condiciones para obtener la indulgencia plenaria del Jubileo mediante la confesión, la comunión, las visitas a las iglesias designadas y las oraciones prescritas, y así obtener la plena remisión de la deuda restante de la 'pena temporal - en lugar de la eterna' que todavía se debía por el pecado perdonado. Cuando fuera posible, grupos de misioneros predicadores recorrerían las parroquias de las diócesis; cuando no fuera posible, el clero local organizaría un 'retiro' de varias semanas.

El obispo estableció los temas que debían ser tratados en los sermones de las misiones o retiros, incluyendo el Credo de los Apóstoles, los Mandamientos de Dios y de la Iglesia, los sacramentos y la oración. Él mismo trataría de venir cada vez que se le necesitara para celebrar las confirmaciones y participar en los ejercicios. En cuanto al confesionario, refirió a sus sacerdotes a la encíclica *Charitate Christi* y específicamente a la instrucción del Papa de que los confesores debían mostrar 'mucha bondad y caridad hacia los pecadores'. Además de la lectura de la encíclica, los sacerdotes debían estudiar la obra de San Alfonso, la *Praxis confessariorum*, de la que se podían obtener copias en el seminario de Brou y en la oficina diocesana de Belley.

Como vicario de Cerdón, Juan Claudio Colín se había a menudo sentido incómodo con el riguroso código moral que había aprendido en San Ireneo, pero le faltaba seguridad para cuestionarlo. Bajo la dirección del obispo y del Beato Alfonso, comenzó un desarrollo gradual hacia la plena aceptación de la doctrina y la práctica liguorense para sí mismo y para la Sociedad de María.

El grupo de predicadores misioneros Maristas creció lentamente en número, a medida que algunos sacerdotes ya ordenados se sentían atraídos por su ministerio y por su espiritualidad mariana. El territorio de misión que les asignó el obispo era el Bugey, la región montañosa entre Cerdón y Belley. La mayoría de los lugares que visitaban eran pequeñas aldeas rurales, a menudo remotas, con poblaciones de unos pocos cientos. Una excepción era Tenay, una pequeña ciudad industrial especializada en el tejido, cuya población (1,130 habitantes en 1832) incluía trabajadores industriales y propietarios de molinos de clase media. También dieron retiros en los seminarios de Belley y Meximieux.

Pueblo en paisaje nevado (Lacoux)

Las misiones sólo podían realizarse durante el invierno, cuando la gente del campo era más libre de frecuentar la iglesia fácilmente. Los viajes eran arduos, y el clima duro. Las condiciones de vida eran normalmente de las más sencillas, y los misioneros a menudo tenían que 'pasarla dura'. Lo que encontraban de parroquia en parroquia también podía diferir enormemente, desde iglesias y presbiterios bien mantenidos, hasta la suciedad y el abandono, desde comunidades que practicaban su fe con pastores dedicados, hasta la indiferencia y la hostilidad, en las que el sacerdote (si lo había) era a menudo una gran parte del problema.

Los Maristas se enfrentaron a las diferentes situaciones con sencillez y desapego del interés propio. Evitaron gastos innecesarios, aceptando alegremente todo lo que se les proporcionaba como alojamiento o comida, arreglándoselas con el mobiliario o el material que encontraban en la iglesia (no necesitaban un confesionario o un púlpito—podían improvisar, dos velas bastaban en lugar de seis, las capas pluviales no eran indispensables . . .). Sobre todo, evitaban ofender o incomodar al pastor o tomar su lugar en la mesa o en la iglesia.

Las misiones seguían un patrón estándar, que podía ser adaptado o desarrollado. Comenzaban con los niños—una práctica recomendada por Juan-María Vianney—enseñándoles el catecismo y hablándoles de la misión y pidiéndoles que rezaran por sus padres. Escuchaban las confesiones de los niños en edad de recibir la Sagrada Comunión; los adultos pronto les seguían. La instrucción catequística continuaba durante toda la misión, y las iglesias estaban siempre llenas tanto de adultos como de niños.

Estamos bien informados sobre la estructura de las misiones, los temas de instrucción y las diversas ceremonias que se realizaban. El plan revela una estrategia de convencimiento y conversión que parece haber tenido éxito. La predicación era ilustrada y reforzada por ceremonias paralitúrgicas a menudo dramáticas. La oración era la base de la misión, ya que los misioneros rezaban diariamente y conseguían que otros rezaran por la conversión de los pecadores. Al llegar a la parroquia, siempre en silencio y sin llamar la atención, se arrodillaban y rezaban por las almas del purgatorio que pertenecían al lugar, luego se levantaban y recitaban el *Acordaos*, encomendando la misión a Nuestra Señora. Cada instrucción comenzaba con tres Avemarías. La instrucción inicial era una invitación a participar en la misión, seguida de un sermón sobre la misericordia de Dios. El discurso que Colín escribió para esta ocasión todavía existe. En él describe a los misioneros como 'los instrumentos de las misericordias de Dios para ustedes' - de hecho 'los instrumentos más indignos'. Destacó que ellos también eran humanos, sujetos a la misma debilidad de sus oyentes y por lo tanto sabían 'hasta dónde puede llegar la fragilidad humana'. Así que la gente no debería tener miedo o desconfianza en revelar sus propios pecados en la confesión.

Los temas de la primera semana, empezando por el Credo de los Apóstoles, estaban diseñados para ganarse la confianza de los oyentes, aunque desde el cuarto día los predicadores empezaban a sacudirlos un poco. Luego seguían las explicaciones de los Diez Mandamientos. Aquí también se tuvo cuidado de no desanimar a los oyentes: los predicadores no entraron al principio en muchos detalles sobre las obligaciones de los mandamientos, sino que animaron al

Púlpito en una iglesia (Premillieu)

pueblo a confesarse, mostrando así su buena voluntad y un inicio de conversión. Parece que la práctica habitual era no dar la absolución en esta primera confesión, sino instruir a los penitentes y decirles que volvieran más tarde en la misión y continuaran su confesión. Después de que la mayoría de la gente se había acercado al sacramento de la penitencia una primera vez, los misioneros comenzaban a decir a sus oyentes más exactamente lo que los mandamientos requerían y a entrar en temas tales como la malicia del pecado y el castigo que éste merecía. En este punto de la misión, se celebraba una misa de Réquiem por todos los difuntos de la parroquia, con sermones sobre la muerte y el purgatorio, seguida de una procesión al cementerio llevando el paño mortuorio que habitualmente cubría el ataúd, con un último sermón sobre la muerte ante la cruz del cementerio.

A mediados de la misión, había un sermón sobre la confianza que uno debe tener en la Santísima Virgen, seguido de una procesión con la estatua de Nuestra Señora durante la cual se cantaban letanías e himnos en su honor. Al día siguiente se celebraba una ceremonia particularmente impresionante y conmovedora. Todos los niños acudían a Misa con sus padres, y el predicador les preguntaba si querían elegir a la Santísima Virgen como su madre y protectora, a lo que sin duda

Interior de una antigua iglesia (Innimont)

todos respondían 'Sí'. El predicador continuaba diciendo que María quería niños buenos y obedientes, por lo que debían pedir perdón a sus padres por todas las veces que habían sido desobedientes. Luego pidió a los padres que retiraran todas las maldiciones que habían pronunciado contra sus hijos. Para entonces, muchos estaban llorando. Finalmente, los padres y el clero extendían sus manos sobre los niños y los consagraban a la Santísima Virgen.

Otros temas de instrucción eran los Sacramentos, especialmente el Bautismo, la Penitencia y la Eucaristía. Para entonces la mayoría de los feligreses habrían regresado al confesionario, continuado sus confesiones a la luz de su más profunda comprensión del pecado humano y la gracia divina, y recibido la absolución. Un impulso adicional a la conversión era dado por una llamativa ceremonia, para la cual el Santísimo Sacramento era expuesto en un altar especialmente construido en el centro de la iglesia. Había un sermón sobre el pecado mortal; luego todos los sacerdotes presentes se quitaban sus sobrepellices, se postraban ante el Santísimo Sacramento y pedían perdón a Dios.

La siguiente gran ocasión se centraba en el bautismo y las promesas y obligaciones que lo acompañaban y que habían sido dadas y asumidas por los padrinos en nombre de cada niño bautizado poco después de su nacimiento. Se pedía a la gente que diera su consentimiento a cada artículo del Credo diciendo 'Creo' y levantando sus velas encendidas. A continuación, seguía la promesa de observar cada uno de los mandamientos. Para entonces la parroquia se consideraba lista para la comunión general que se anunciaría. El acto final de la misión era, por costumbre, la bendición de una cruz conmemorativa, como todavía se puede ver en muchos lugares de Francia. Sin embargo, debido al gasto que ello suponía, la práctica de los Maristas era no proponer una cruz, sino ponerla sólo si la parroquia la pedía espontáneamente.

Por muy impresionantes que fueran estas ceremonias, en el centro de la misión estaban las largas horas pasadas en el púlpito y el confesionario, instruyendo y moviendo los corazones de la gente y animándola a la conversión y al arrepentimiento. No olvidemos tampoco las muchas horas que los misioneros pasaban cada día en oración con su breviario y en meditación personal. La clave de todo ello era la misericordia. Recordando algunos años después, Colín reflexionaba sobre el ministerio del predicador: 'Debemos ser amables. Y después de todo, ¿cuál es la diferencia entre ellos y nosotros? Son nuestros hermanos. La diferencia entre ellos y nosotros es que nosotros somos los que hablamos, y estos pobres no pueden responder'.

Hubo otro contexto en el que se llevaron a cabo estas misiones maristas y campañas de predicación similares. Tras la derrota del emperador Napoleón, la antigua monarquía fue restaurada, en la persona del hermano del difunto rey, Luis XVIII. Hubo quienes, en la Iglesia como en la sociedad en general, vieron en ello una oportunidad para restaurar lo más completamente posible el antiguo régimen, y a menudo las misiones de reavivamiento incluían demostraciones triunfalistas de la vuelta al poder de una Iglesia asociada al Estado ('la alianza del trono y el altar'). Colín y sus compañeros estaban personalmente complacidos con la restauración de los Borbones. Sin embargo, evitaron sabiamente cualquier manifestación o propaganda de este tipo. Fue una política continuada a lo largo de los años siguientes, expresada en declaraciones de Colín como: 'Recuerden, señores, que no estamos para cambiar el gobierno sino para salvar almas. La Sociedad no debe identificarse con ninguna opinión política. Al expresar cualquier opinión necesariamente enajenamos a todos los de diferente línea política, cuando de hecho queremos salvarlos a todos'.

Durante los meses de verano, entre dos misiones, el pequeño grupo de misioneros Maristas vivía en el Seminario Menor de Belley donde preparaba sus sermones e instrucciones. Sus condiciones de vida estaban lejos de ser ideales. Se alojaban en el ático, en habitaciones improvisadas y estrechas, y sufrían el calor del verano y el frío del invierno. Tomaban sus comidas con los profesores del Seminario, algunos de los cuales se burlaban abiertamente de los Maristas como 'el volumen II de la Compañía de Jesús, encuadernados en piel de asno'. Esta forma de comportarse se extendió a los estudiantes. Sin embargo, los misioneros se ganaron el respeto del superior, Monsieur Pichat, quien incluso expresó su deseo de unirse a ellos. También recibieron la ayuda práctica y el apoyo de las Hermanas Maristas, que se instalaron cerca de Bon-Repos. Juan Claudio Colín participó plenamente en las misiones de 1826 a 1829. En marzo de 1826, Mons. Devie lo designó superior de los predicadores de las misiones Maristas de la diócesis.

A mediados de 1826, la naciente Sociedad de María cayó en una profunda crisis. Hasta aquí hemos seguido la carrera de Juan-Claudio Colín y sus compañeros en Belley. En la diócesis de Lyon, Juan-Claudio Courveille se había ocupado de establecer comunidades de hermanos y hermanas educadores, cuya relación con las de Marcelino Champagnat y Jeanne-Marie Chavoin no está clara. También se consideraba a sí mismo como superior general de toda la Sociedad de María, una afirmación que fue aceptada por algunos, incluido Marcelino Champagnat, pero no por todos. Las relaciones entre los dos Juan-Claudios nunca fueron, al parecer, cálidas, y los dos hermanos Colín actuaban ocasionalmente de forma independiente de Courveille, aunque reconocían su liderazgo *de facto*.

En mayo de 1826, Courveille cometió un acto sexual no especificado con un hermano postulante - casi seguro un menor de edad- en el Hermitage y se marchó a un 'retiro' en la abadía trapense de Aiguebelle (Drôme). El hecho fue conocido por Étienne Terraillon, uno de los firmantes del acta de compromiso de 1816, que también vivía en el Hermitage, y que informó a las autoridades diocesanas. Mientras tanto, Champagnat había recibido una carta de Courveille, en Aiguebelle, en la que hablaba extensamente de su indignidad de ser Marista, en términos que podrían interpretarse como una renuncia al grupo. Terraillon recomendó a Champagnat, y también a Colín, quien llegó inesperadamente al Hermitage cuando estalló la crisis, que aceptara la dimisión de Courveille con efecto inmediato. Cuando dudaron, ya que todavía no sabían lo que había pasado, Terraillon debió decirles lo suficiente de lo que sabía para que se decidieran a seguir su consejo. Desde ese momento, Courveille fue excluido de la naciente Sociedad y se le impidió volver a entrar cuando lo pidió algunos años después.

Eso dejó a la pequeña Sociedad de María con la inquietante pregunta, ¿Cómo podría el mensaje original ser genuinamente de María, si el receptor de ese mensaje y fundador y líder del grupo resultó ser tan indigno? Los Maristas continuaron creyendo que María había 'hablado', mientras que al mismo tiempo hacían todo lo posible por borrar a Courveille de su memoria colectiva. Asimismo, se quedaron sin un líder reconocido y así permanecieron durante varios años.

En marzo de 1829, Juan-Claudio Colín llevó a cabo su última misión en Ruffieu, en el Valromey. El propio obispo vino a finales de mes y confirmó a 600 niños, muchos de ellos de las parroquias vecinas. La iglesia era pequeña, y otro predicador, apostado en la tribuna, transmitía el sermón de Colín a la multitud que estaba fuera a través de una ventana. El obispo trajo consigo la noticia de que el Superior del Seminario Menor, M. Pichat, había muerto. Ordenó a Colín que regresara inmediatamente a Belley, para ayudar a su hermano Pedro a preparar a los estudiantes para la Pascua. De hecho, había decidido que los días de misionero de Juan-Claudio habían terminado. La noche del domingo de Pascua (9 de abril) Mons. Devie mandó llamar a Colín y le dijo que se hiciera cargo del Seminario al día siguiente. El nombramiento fue un choque inesperado, y Colín pidió tres días para hacer un retiro y rezar para que el obispo cambiara de opinión. Mons. Devie simplemente le dijo que se hiciera cargo de inmediato.

En la vida de muchas personas hay un período al que miran hacia atrás como 'la época heroica', una época en la que lucharon con dificultades, pero que, sin embargo, consideran como 'la mejor'. Para Juan-Claudio Colín el período al que frecuentemente recordaba como 'la época dorada', a pesar de sus dificultades, eran aquellos años, de enero de 1825 a marzo de 1829, en los que predicaba misiones en las montañas de Bugey.

## Capítulo 4
## Director de escuela

El establecimiento que Colín tomaba a su cargo fue fundado en 1751 como colegio dirigido por sacerdotes religiosos. Abrió nuevamente después de la Revolución, en 1803, bajo la dirección de los 'Padres de la Fe' (antiguos Jesuitas y sus más recientes emuladores). Durante este período, el escritor, poeta y político Alphonse de Lamartine, de quien el colegio lleva ahora el nombre, estudió allí. En 1808, el colegio pasó a estar bajo el control de la municipalidad, pero finalmente comenzó a decaer. Debía cerrarse en 1823, cuando Mons. Devie obtuvo la autorización para ponerlo bajo la tutela de la diócesis como seminario menor. Sin embargo, la escuela siguió manteniendo un carácter mixto, educando junto a los seminaristas a jóvenes que no estaban destinados al sacerdocio.

Foto antigua de la fachada del edificio (Belley)

El nombramiento de Colín se produjo en un período delicado de las relaciones Iglesia-Estado en Francia. A principios de 1828, el gobierno conservador había sentido la necesidad de hacer concesiones a la opinión liberal y optó por hacerlo en el campo de la educación, donde había mucha oposición al control eclesiástico. Algunas de las medidas adoptadas afectaron al establecimiento de Belley. El 16 de junio el rey Carlos X, después de mucha reflexión, firmó dos ordenanzasque pusieron a los seminarios menores bajo un control gubernamental más estricto. El primero subordinó a ocho seminarios hasta entonces dirigidos por los Jesuitas a la 'Universidad', es decir, al sistema de educación pública; también exigió a todos los superiores y profesores de los seminarios menores que declararan que no pertenecían a ninguna congregación religiosa no estuviera establecida legalmente en Francia. El segundo decreto regulaba el número de seminarios y de sus estudiantes, así como las becas que los financiaban. También exigía la aprobación por parte del gobierno del nombramiento de los superiores. Mons. Devie, como los otros obispos, había protestado contra lo que consideraban una violación de sus derechos. Sin embargo, cuando el gobierno dio explicaciones tranquilizadoras, decidió seguir el nuevo reglamento. El 24 de abril de 1829, Mons. Devie escribió al Ministerio de Asuntos Eclesiásticos, pidiendo la aprobación del nombramiento de Juan Claudio Colín como sucesor del finado Sr. Pichat; esto fue concedido el 3 de mayo. Como los Maristas no eran todavía una congregación, el nombramiento de Colín se ajustaba estrictamente a las exigencias del gobierno. Tenía treinta y ocho años, que en aquella época se consideraba de mediana edad, pero él estaba en su mejor época.

Nos hacemos una idea de la escuela que Colín dirigió a partir de las respuestas enviadas por Mons. Devie el 27 de febrero de 1828 a un cuestionario del Ministerio de Asuntos Eclesiásticos. Contaba con 200 estudiantes, de los cuales 20 no pagaban pensión, la mayoría de los demás pagaban entre diez y veinte francos al mes, y algunos pocos pagaban entre treinta y cincuenta francos. El establecimiento no tenía ingresos y, además de los honorarios pagados por los estudiantes, sus únicos recursos eran los 'sacrificios' hechos por el obispo y el clero de la diócesis. Había treinta asistentes externos, esencialmente cantores y monaguillos de la catedral. Las asignaturas cubrían todo el plan de estudios, desde las clases de primaria, donde enseñaban a los niños a leer y escribir, hasta el nivel más alto de la universidad, con clases de francés, griego, latín, retórica, filosofía y matemáticas. También se enseñaba canto llano, pero no música, baile o esgrima. Algunos estudiantes habían obtenido el bachillerato de la universidad. En 1827, cuarenta y tres graduados habían pasado al seminario mayor de Brou. Los estudiantes solían llevar ropa normal, pero los domingos y días festivos había un uniforme que consistía en un abrigo de color oscuro para los más jóvenes y una sotana para los mayores que estudiarían teología. El personal docente, que contaba con doce miembros bastante jóvenes, estaba formado por sacerdotes diocesanos o clérigos destinados al ministerio sacerdotal en la diócesis.

El hecho que el colegio fuera también seminario menor significaba que el clero de la catedral se sentía con el derecho de exigir a los estudiantes que participaran en sus liturgias en determinados días festivos, y de pedir a los sacerdotes docentes que presidieran ocasionalmente alguna ceremonia. Colín consiguió limitar la asistencia de los estudiantes únicamente a la procesión anual de Corpus Christi. También puso fin al 'préstamo' de sus profesores para la catedral en los días de clase, afirmando: 'Cuando me envíen profesores para dar clase, les enviaré canónigos para llevar a cabo las ceremonias.' Los dignatarios de la catedral se quejaron al obispo, pero él apoyó a su director.

Juan Claudio había aceptado su nombramiento con la condición de que el colegio fuera confiado a los Maristas. En cualquier caso, pronto se dio cuenta de que su nombramiento en el colegio, junto con el de su hermano como director espiritual, tenía un significado más amplio que el de un simple puesto a cubrir o una tarea a realizar en nombre del obispo. Ya en la carta al Papa Pío VII, los Maristas habían declarado que uno de los objetivos de la Sociedad de María era 'formar a la juventud en todos los aspectos del conocimiento y la virtud'. Ahora era la oportunidad para los sacerdotes, así como para los hermanos, de convertir esa aspiración en realidad. Gradualmente, a medida que crecía su número, los Maristas eran asignados a la escuela de Belley.

Colín había podido observar la escuela de cerca durante varios años y se había dado cuenta de que había tensiones tanto entre los estudiantes como entre el profesorado. Necesitaba establecer rápidamente su autoridad. El cuerpo estudiantil estaba formado por al menos tres grupos bastante distintos. La mayoría de los estudiantes eran seminaristas que habían comenzado y continuaban sus estudios en Belley. Había también un segundo bloque de estudiantes, formado por estudiantes de filosofía que hasta entonces habían recibido su formación en el seminario menor de Meximieux. Aunque ellos también se preparaban para el ministerio en la misma diócesis, aparentemente mostraban una 'marcada repugnancia' por tener que pasar uno o dos años con sus colegas en Belley y no formaban una 'comunidad homogénea' con ellos. Finalmente estaban los estudiantes laicos, supervivientes del antiguo colegio municipal, que habían mantenido su espíritu 'universitario' y lo habían transmitido a los seminaristas. Colín recordó que, aunque el comportamiento de los estudiantes durante el resto del año escolar después de que él se hiciera cargo era 'bastante bueno', expulsó a seis o siete alumnos, y dijo a los demás que decidieran cuál sería su actitud. Cuando comenzó el nuevo curso escolar, en el día de Todos los Santos de 1829, unos cuarenta estudiantes no volvieron. Por otra parte, la matrícula era numerosa y el año siguiente se caracterizó por la 'piedad y el buen comportamiento'.

Sus colegas, diría Colín más tarde, le dieron aún más problemas que sus alumnos. De hecho, una de las mayores pruebas de la Sociedad fue tener que vivir con 'colegas que pensaban que estábamos locos, que no compartían nuestra manera de pensar, que actuaban contra nosotros'. Durante el primer mes, 'todos los profesores' le aconsejaban: 'Tenéis que hacer esto, tenéis que cambiar eso'. Finalmente, en una reunión del consejo, aclaró su posición: no tenía intención de apartarse en ningún aspecto de las costumbres de su predecesor y no quería más oír hablar de cambios. Al final del año Colín le pidió a un maestro que no regresara. Durante las vacaciones de verano, de hecho, se hicieron otros cambios de personal.

Cuando el personal se reunió de nuevo después de las vacaciones de verano el día de Todos los Santos de 1829, el nuevo director les presentó un breve tratado de quince páginas que había redactado sobre la educación, en el que se combinaban los principios generales con comentarios adaptados a la situación de la escuela. Con ello Colín mostraba una notable seguridad en sí mismo. Había asumido el cargo de director sin ninguna experiencia en la enseñanza, hecho que los miembros más antiguos de su personal conocían muy bien y siempre estaban dispuestos a recordarle. Además de sus propias observaciones e ideas de 'mejores prácticas', también era experto en consultar y leer lo que se consideraba como los mejores autores. En este caso, había pasado parte del verano leyendo un conocido trabajo educativo de principios del siglo XVIII. Se trataba del *'Traité des études'* de Charles Rollin, publicado por primera vez en París entre 1726 y 1731, y considerado a lo largo del siglo XVIII y hasta bien entrado el siglo XIX como una importante autoridad educativa en Francia. Ese libro no es en realidad un tratado de 'educación' como podríamos entender el término hoy en día. Es más bien un manual para un profesor de humanidades y retórica y trata del contenido del plan de estudios clásico y la mejor manera de enseñarlo. Rollin comienza y termina su libro con material pedagógico en el que Colín se basó en gran medida.

Este breve tratado es, de hecho, la única composición sustancial de Colín que no es una regla religiosa. Muestra sus poderes de asimilación y síntesis. No era un reformador educativo. No debemos buscar la originalidad en el contenido de su texto. Lo que escribe allí se puede encontrar en otros lugares, ya sea en autores antiguos o contemporáneos, algunos de los cuales eran innovadores, cosa que él no tenía intención de ser. Por otra parte, su síntesis personal y la apropiación de sus fuentes tienen algunas características originales e indican bien su penetrante percepción del entorno educativo.

Un ejemplo sorprendente de su agudeza se encuentra inmediatamente en el título que dio a su tratado: *Avis à messieurs les professeurs, préfets, directeurs et supérieur du petit séminaire de Belley* Se dirige por lo tanto no sólo a su personal—profesores, prefectos, directores—sino también al superior o director (es decir, a sí mismo), expresando así desde el principio su solidaridad con ellos. El hecho que, a lo largo de la obra, el pronombre más utilizado sea 'nosotros' es coherente con este enfoque. Nunca escribe 'ustedes', diciendo al personal lo que debe hacer: 'nosotros' estamos todos juntos en esta empresa. Una mirada al plan del documento pone de manifiesto el hecho de que las instrucciones de Colín se refieren esencialmente a las relaciones entre personas y grupos de personas. Sus palabras iniciales declaran que educar a una persona es ya una 'tarea sublime', y educarlo de manera cristiana es una 'obra celestial'. Los principales deberes de los educadores son hacer de sus alumnos 'cristianos, caballeros rectos (*hommes honnêtes et polis*), y por último hombres de ciencia (*savants*)'.

Se requerían cinco cualidades en el educador: autoridad, comprensión de los alumnos, una buena calidad en la instrucción, ejemplo, vigilancia. La autoridad debía ganarse a través del respeto y no imponerla por el temor. La disciplina, especialmente los castigos y recompensas, debía tener en cuenta la mentalidad del muchacho, incluyendo su sentido de la justicia. Entre la gama de castigos disponibles, no se menciona el castigo corporal, lo que contrasta con los azotes habituales en las escuelas inglesas de la época. Los miembros del personal debían formar una comunidad, llevando vida en común, compartiendo los momentos de oración y las comidas.

De todo lo anterior se desprende que las instrucciones de Colín no están escritas específicamente para la formación de los candidatos al sacerdocio, sino que pueden aplicarse a cualquier escuela. Se puede considerar que tres aspectos de su pensamiento educativo son distintivos: una sana alegría; no demasiadas observancias religiosas; un programa para cada individuo. Una escuela conducida de acuerdo con el espíritu de las instrucciones de Colín sería un ambiente seguro y amigable donde los niños y jóvenes podrían crecer y aprender los valores religiosos, morales y humanos, así como cumplir con el programa de estudios establecido.

# Capítulo 5
## 'Centro de unidad'

Desde la desaparición de Courveille en 1826, los aspirantes maristas -hermanas, hermanos y sacerdotes- vivieron y trabajaron en las dos diócesis de Belley y Lyon, sin ningún líder común, al menos reconocido como tal entre ellos. Con el paso del tiempo, el resultado más probable habría sido la división de los Maristas en dos grupos, cada uno de ellos afiliado a su respectiva diócesis. Ese proceso ya se estaba produciendo, bajo la presión de la realidad y de las autoridades diocesanas, que querían a los Maristas, pero como instrumentos propios. Los Maristas, sin embargo, querían permanecer unidos. Así, en el otoño de 1830 -pero no antes de cuatro años después de la partida de Courveille- los sacerdotes de los dos grupos diocesanos se reunieron en Belley y eligieron a Juan-Claudio Colín como 'centro de unidad' o, como también se le llamó, 'superior central'. Esto no fue el reconocimiento o la formalización de ninguna posición que Colín ya tuviera. Como todos los sacerdotes Maristas de la diócesis de Belley vivían en el colegio-seminario, él era de hecho el superior de todos ellos. Pero esto había sido por nombramiento del obispo, y, si hubiera habido otras comunidades de sacerdotes Maristas en la diócesis, no habría necesariamente sido su superior. En cuanto a Lyon, por supuesto, Colin no tenía ninguna función con respecto a los sacerdotes y hermanos del Hermitage, que estaban bajo la dirección de Marcelino Champagnat.

¿Por qué, entonces, se eligió a Colín? Había demostrado su compromiso con la Sociedad al redactar ya una regla y al prometer ir a Roma, al ser cosignatario, con su hermano Pedro y Courveille, de la carta al Papa Pío VII, y al llevar la regla al nuncio en París. De hecho, no había mucho de dónde escoger. De los firmantes originales del acto de compromiso de 1816, sólo quedaban cuatro, y en realidad sólo se habría considerado a dos, a saber, Colín y Champagnat. Marcelino se ocupaba por completo de los hermanos, lo que dejaba a Colín como el único candidato real. Decir esto no es despreciar a Juan-Claudio Colín, sino dar relieve y perspectiva a sus logros. La grandeza de Colín consistía en que se hizo cargo del futuro de un cuerpo que él no había iniciado, creyendo e insistiendo en que no era más que un superior provisional que 'defendía el fuerte' hasta que alguien más idóneo pudiera tomar el relevo.

En este punto de su vida, hagamos una pausa para preguntarnos, ¿Cómo era él? En primer lugar, su apariencia. Juan-Claudio Colín era bajo (1,64 metros o 5 pies y 4 pulgadas de altura) y algo fornido. Tenía una cara ovalada y una frente ancha y alta. Su pelo, que caía alrededor de las orejas, debía ser originalmente marrón, a juzgar por sus cejas, pero se volvió prematuramente blanco. Su tez era clara y sus ojos gris azulado. Tenía una nariz aguileña y un mentón decidido.

Esta última característica expresaba un carácter enérgico, que era un tanto desmentido por una manera que podía hacerlo parecer fácilmente, como dijo un observador, como 'uno de esos buenos y viejos curas de pueblo, muy sencillo, muy tímido, sin saber dónde ponerse para ocupar menos espacio'. Además, era descuidado en su apariencia. Siguió la moda de su juventud de estar bien afeitado, en lugar de dejarse crecer la barba como muchos clérigos en el siglo XIX. A menudo, sin embargo, pasaba algunos días sin rasurarse, y su sotana tenía manchas de tabaco. Un impedimento en el habla, que superó en gran medida, le dejó con una tendencia permanente a pronunciar todas las consonantes sibilantes como 'sh'. Los que conocían a Colín, sin embargo, reconocían la capacidad intelectual y la ascendencia personal que lo convirtió en un verdadero líder.

Por otro lado, la impresión de timidez y desconfianza había correspondido anteriormente a su comportamiento de niño y joven. Quienes lo conocieron en ese entonces se habrían sorprendido mucho al encontrar más tarde en su vida al hombre que, se decía, 'hacía las cosas a gran escala. . . [y] no caminaba con paso medido sino con pasos gigantescos, los cuales, por cierto, tendían a salpicar de barro al prójimo'. Al mismo tiempo, Colín, incluso cuando era líder de los Maristas, con frecuencia dudaba en tomar decisiones que a otros les parecían obvias, mientras esperaba hasta estar convencido de que esa era la voluntad de Dios. Incluso sus admiradores se veían obligados a preguntarse si 'quizás era demasiado torpe en sus asuntos', señalando que 'tenía dificultades con muchos de los que tenían trato con él, tanto dentro como fuera [de la Sociedad]'. A los períodos de gran energía seguían, característicamente, períodos de inactividad. A lo largo de su vida, anhelaba la soledad e intentó repetidamente dejar su cargo.

La elección de Colín como 'superior central' de los Maristas había tenido lugar en el contexto de la Revolución de Julio, que derrocó a Carlos X y llevó al trono a Luis Felipe de Orleáns. Al comienzo del nuevo año escolar en noviembre de 1830, la continua agitación política y social comenzaba a tener un enorme impacto incluso en el seminario del colegio de Belley. Mirando hacia atrás, Colín consideraba que era su 'obra maestra' el haber mantenido la escuela abierta durante el año 1830–1831. Atravesó esta época difícil demostrando ser un líder probado y reconocido.

Julien Favre, que sucedería a Colín como superior general, fue estudiante de retórica en el colegio de Belley en 1830–1831 y recordaba cómo era vivir en esos tiempos. Los estudiantes comenzaron con falta de cooperación y protestas pasivas contra la autoridad. Si uno era castigado, todo el mundo estaba de su lado. Se corría la voz de no cantar en vísperas, y nadie abría la boca. Si alguien se atrevía a romper el embargo, le daban una paliza. Para mostrar su descontento, los estudiantes desfilaban por el edificio de la escuela en silencio, excepto por el pisotón de sus pies en el pavimento. Un día los campesinos bajaron de las montañas con rifles, reales o falsos, como en 1790. Esto puso a los estudiantes en un verdadero fervor revolucionario, que se extendió a los profesores. En un día de descanso, para el acostumbrado paseo recreativo, los estudiantes se quitaron los uniformes, llevaron hachas de madera y marcharon como un batallón en formación cantando *la Marsellesa* y otras canciones revolucionarias 'con una especie de frenesí como si estuvieran borrachos'. Uno de los profesores también participó en esta manifestación. Llegaron a un bosque, donde empezaron a gritar y a comportarse de tal manera que Pedro Colín, que estaba con ellos, tenía miedo de que lo mataran.

No tenemos muchos detalles sobre cómo Colín manejó la insurrección en el colegio. Tuvo que enfrentarla en gran parte solo. Parece que, durante gran parte de este tiempo, Raymond Devie estuvo indispuesto mientras se recuperaba de una operación de cataratas, que en aquellos días implicaba inmovilizar al paciente durante mucho tiempo mientras la herida se curaba; había peligro de muerte, y la recuperación completa era lenta. Así pues, Colín se quedó sin el apoyo activo del obispo cuando más lo necesitaba, y parece haber considerado las intervenciones de los vicarios generales más como un estorbo que como una ayuda. En cuanto a sus colegas, con algunas excepciones, en particular su hermano Pedro, Juan Claudio parece haber tenido poco apoyo y, desde algunos sectores, una rebelión abierta. Varios manifestaron su adhesión a las nuevas corrientes suscribiéndose públicamente -y contra la expresa oposición del obispo- a '*L'Avenir*', el periódico católico liberal dirigido por el Conde de Montalembert, que pedía la separación de la Iglesia y el Estado.

Hubo rumor de un complot entre algunos de los miembros del personal para destituir a Colín, lo que podría suceder en un momento en el que él estaba aislado y vulnerable. Aquellos colegas que eran especialmente rebeldes habrían visto la oportunidad de derrocar a la autoridad, mientras que otros podrían haber imaginado que, sacrificando a Colín, se podría calmar a los estudiantes. La gente del pueblo incluso esperaba escuchar cada día que había sido asesinado. Colín mantuvo la calma y permaneció en control. Favre estaba seguro de que, de no ser por él, el seminario universitario no habría sobrevivido a la crisis. La diócesis de Belley le debía mucho, y sin duda Mons. Devie se dio cuenta de ello y estaba agradecido. Hubo, sin embargo, un precio a pagar en la propia salud de Colín. Su cabello se volvió blanco, y envejeció prematuramente. Colín mismo habló del daño que la constante ansiedad y la falta de sueño causaron a su salud.

Al haber logrado sacar al colegio de la crisis, Colín se había ganado el derecho de hacer las cosas como él quería: iba a ser un establecimiento Marista. Escribió a los hermanos del Hermitage que estaba pensando en darle 'una nueva forma de proceder (*marche*) que encajara con nuestro objetivo'. A partir del nuevo año escolar, todos los profesores estarían asociados a la Sociedad y habría un vice-superior que sería también maestro de novicios. También oímos hablar de cambios estructurales: los alumnos se dividieron por edades en tres secciones, cada una de ellas con su propio estudio y dormitorio y su propia salida de recreo; los maestros tenían su propio comedor. El año escolar que comenzó en noviembre de 1831 vio una serie de cambios adicionales en el personal - los que se habían suscrito a *L'Avenir* no regresaron.

Uno de los medios por los que los sacerdotes Maristas de las dos diócesis podían desarrollar un sentido de unidad era unirse en un retiro común. Al final del retiro celebrado en septiembre de 1831, todos los que participaron -incluidos los miembros del personal del colegio de Belley- firmaron un acto de consagración a Nuestra Señora, que significaba su afiliación a la Sociedad de María. Entre los nuevos firmantes estaba Pedro Chanel. Sacerdote de la diócesis de Belley desde 1827, se había sentido llamado a las misiones extranjeras y, junto con sus colegas Claudio Bret y Denis Maîtrepierre, pensó en un momento dado en solicitar ir a América, meta de muchos misioneros franceses. El hecho de que se adhiriera a los Maristas puede deberse a la esperanza de que iban a emprender misiones extranjeras, una labor que habían previsto, pero hasta ese momento no se había hecho nada para llevarla a cabo. Al mismo tiempo que él se unía a los sacerdotes Maristas en el colegio de Belley, su hermana Françoise entraba en el convento de las hermanas Maristas en Bon-Repos. Chanel fue asignado primero a la enseñanza, luego fue nombrado sucesivamente director espiritual (otoño de 1832) y vice-superior (otoño de 1834). Este último nombramiento significaba concretamente dirigir la administración diaria en nombre de Colín, que seguía siendo superior pero que ahora tenía muchas otras preocupaciones que ocupaban su tiempo y atención.

Entrada al antiguo edificio (La Capucinière)

escalones en la capilla (La Capucinière)

Hasta ahora los sacerdotes Maristas de Belley carecían de una casa propia. Para Colín los últimos meses de 1832 estuvieron muy ocupados por el proyecto de hacerse cargo de un antiguo convento de capuchinos en Belley conocido por esa razón como 'La Capucinière'. Secularizada en 1791, la propiedad había sido adquirida en 1826 por Mons. Devie, que deseaba fuera la residencia del grupo de sacerdotes misioneros que quería fundar según el modelo de los 'Chartreux' de Lyon. Probablemente fue a finales de 1831 cuando el obispo propuso ceder la casa a los Maristas. En noviembre de 1832, una comunidad de tres sacerdotes y varios hermanos coadjutores (al principio llamados 'hermanos San José') pudieron instalarse en ella. Por fin los Maristas de Belley tenían su propia casa, donde podían vivir la vida religiosa y recibir candidatos para su formación. Los sacerdotes involucrados con el seminario-colegio siguieron viviendo allí. El P. Colín, al que Mons. Devie todavía no había permitido trasladarse a La Capucinière, iba y venía entre las dos casas, que, según dijo a Champagnat, 'sólo eran una'. Colin era, por supuesto, superior de ambas.

El convento de los capuchinos formaba un rectángulo alrededor de un patio interior. Un lado estaba ocupado por una capilla o iglesia pública, a la que se unía una capilla o coro más pequeño, donde los frailes solían recitar el oficio divino. La iglesia no había sido lugar de culto desde la Revolución y, antes de que Mons. Devie la adquiriera, había sido utilizada como teatro y salón de baile. Inicialmente, los Maristas sólo utilizaban el lado sur del edificio y la mitad del patio, mientras que un inquilino ocupaba el resto. Al año siguiente, tuvieron toda la casa para ellos solos.

Desde el principio, los sacerdotes Maristas de La Capucinière continuaron predicando misiones en la diócesis. Después de 1834, el antiguo convento de los capuchinos comenzó a servir también como casa de formación. En esta época, la mayoría de los candidatos a la rama sacerdotal de la Sociedad ya estaban ordenados, y no había aún un noviciado formal. Así que la formación que se ofrecía en La Capucinière estaba destinada al principio a un número muy reducido de estudiantes. Tras la aprobación de la Sociedad, en septiembre de 1836, que implicaba el permiso para profesar los votos de religión, se necesitaba un noviciado canónico, también para aquellos que ya eran sacerdotes antes de ingresar.

Colín también decidió abrir un pequeño internado en La Capucinière, que siguió funcionando hasta 1840. Este fue el primer establecimiento educativo que perteneció a los sacerdotes Maristas (a diferencia del colegio-seminario, del que formaban parte, pero que pertenecía a la diócesis). Comenzó muy modestamente. De hecho, no se intentó impartir clases en la casa, y los alumnos siguieron los cursos en el colegio-seminario. Posteriormente, la escuela acogió a un pequeño número de internos de familias locales acomodadas y dio clases a los chicos más jóvenes, mientras que los alumnos mayores iban al colegio.

No fue un comienzo brillante, ni en la casa de formación ni en el internado. El establecimiento, o, mejor dicho, el experimento, era muy frágil y al principio no inspiraba confianza. Los Maristas se desanimaron e incluso se alarmaron. '¿Y si todos se van?', fue la pregunta que Claudio Bret hizo un día a Juan-Claudio Colín, quien respondió inmediatamente y de manera contundente: Si todos se iban, Colín cantaría el *Te Deum* y volvería a empezar.

Un incidente relacionado con el internado de Belley ilustra muy bien la idea de Colín de que los Maristas están llamados a ser 'instrumentos de la Divina Misericordia'. Uno de los estudiantes era hijo del General Louis Carrier, que vivía en Belley, donde era bien conocido por no practicar su religión católica. Cuando el general cayó enfermo, Colín esperaba que Juan-Marie Millot, prefecto del establecimiento, pudiera reconciliarlo con la Iglesia. Sin embargo, el general no quería que el viático (comunión dada a los moribundos) le fuera llevado públicamente, como era habitual, sino que pidió que se le llevara en privado después del anochecer. Colín creyó que el general tenía la suficiente buena voluntad como para poder acceder a su petición y, cuando el vicario general no estuvo de acuerdo, Colin acudió al obispo, quien le dijo que hiciera lo que M. Carrier le pedía. Antes de morir el 30 de octubre de 1838, el general no sólo había recibido los sacramentos, sino que había bendecido abiertamente a su hijo y había pedido a los sirvientes de la casa que rezasen por él—'Hizo mucho más de lo que se le pidió', fue el comentario de Colín.

La autoridad de Juan-Claudio sobre toda la Sociedad de María en este período era más moral que jurídica. Sin embargo, creía que se le había dado, aunque sólo fuera provisionalmente, una responsabilidad, y con ella, la autoridad necesaria para llevarla a cabo. Se consideraba a si mismo más que un simple encargado o intermediario, que únicamente sería capaz de aconsejar y persuadir, pero no de ordenar. Por otra parte, tanto los límites de su autoridad como su forma de trabajar eran indefinidos y sólo podían aclararse mediante el ensayo y, ocasionalmente, el error. Podría exigir la obediencia, pero ¿los demás se considerarían obligados a obedecer? Los Maristas ya habían tenido con Courveille la mala experiencia de un supuesto 'superior general', que intentaba ejercer una autoridad que los demás no creían que tuviera. Serían sensibles a cualquier intento de Colín de sobrepasar los límites. La amplitud de miras y la flexibilidad iban a ser necesarias tanto para el superior central como para sus hermanos. Había mucho lugar para malentendidos, y de hecho se produjeron.

También estaba la cuestión de la posición de Colín con respecto a las autoridades diocesanas de Lyon. Para ellas, Colín era simplemente un sacerdote de otra diócesis, sin autoridad para intervenir en la diócesis de Lyon, incluso cuando se trataba de los Maristas de esa diócesis. En otras palabras, no le reconocían ningún tipo de autoridad de superior religioso. La preocupación inmediata de Colín era mantener a los sacerdotes de las dos diócesis unidos y con el mismo espíritu y estilo de vida. Estaba, por supuesto, más íntimamente ligado a los sacerdotes de Belley, ya que compartía su vida y ministerio y era su superior. Era menos conocido por los de Lyon. Ahora, en aras de la unidad, también ejercía una supervisión sobre ellos. Poco después de la elección de Colín como superior central, Marcelino Champagnat fue elegido superior ('provincial') de los sacerdotes lioneses, cargo que fue ratificado por las autoridades diocesanas de Lyon. La relación entre ambos iba a ser crucial. Afortunadamente, se conocían bien y se respetaban mucho, y tenían costumbre de comunicarse a menudo desde hacía tiempo.

Champagnat era también, por supuesto, el superior de los hermanos de la enseñanza. Hasta ahora, Colín había tendido a considerar a los hermanos como algo marginal a la Sociedad de María y esencialmente como una preocupación de Champagnat. Marcelino, por su parte, siempre le había mantenido informado de sus asuntos. A partir de ese momento, Colín aceptó que formaban parte integrante de la Sociedad y que debía prestarles una mayor atención, no sólo por interés fraterno sino -en un modo no fácil de definir y, sobre todo, de coordinar con la autoridad de Champagnat- como el superior en última instancia. Estaban además las hermanas Maristas, que desde el principio fueron consideradas como una rama de la Sociedad de María: el superior central también era responsable de ellas. Tenían sin embargo a su propia superiora, la Madre San José (Jeanne-Marie Chavoin). Todo esto hizo que la situación fuera muy compleja.

Durante todo este tiempo, Colín estaba trabajando por el reconocimiento de la Sociedad de María como congregación supradiocesana. Mons. Devie, por otro lado, quería que los Maristas de Belley fueran totalmente bajo su control. A lo largo de los años, el obispo lo intentó todo para ganarse a Colín. Juan-Claudio opuso sin embargo una resistencia inquebrantable y consideró que a veces el obispo ejercía una presión injusta. En una ocasión, se dio cuenta de que sentía una gran antipatía hacia Mons. Devie y decidió tomar medidas heroicas para resolverlo. Corrió por las calles de Belley hasta la residencia del obispo, llamó a su puerta, cayó de rodillas al entrar, confesó sus sentimientos hostiles y pidió perdón. El obispo, sorprendido, lo recibió paternalmente y lo abrazó. Ese fue el final de la 'tentación' de Colín, pero no del conflicto entre ellos.

A pesar de sus dificultades, Mons. Devie no perdió su alta estima por Colín. Al contrario, fue precisamente porque lo valoraba tanto que estaba decidido a mantenerlo en su diócesis. En medio de sus más intensas dificultades, le confiaba tareas importantes y confidenciales e incluso le propuso ser su vicario general. El obispo también hizo varios intentos de nombrarlo canónigo honorario, en una ocasión empleando la artimaña de pedirle que llevara la capa del canónigo de Monsieur Pichat a la residencia del obispo, con la idea de ponerla sobre los hombros de Colín, maniobra que Colín anticipó y frustró al hacer que otra persona la llevara. El hecho de que Colín evitara estos nombramientos debe ser visto no sólo como ejemplos edificantes de su rechazo a aceptar honores y dignidades, sino también y sobre todo como un freno al juego del obispo de involucrarlo inextricablemente en la maquinaria de la diócesis. Por su parte, Colín nunca faltó al respeto y a la obediencia a su obispo y parece haber visto en él a un padre. Probablemente reconoció su buena fortuna al trabajar para un gran líder, de quien, a su debido tiempo, aceptó posiciones de responsabilidad y liderazgo. Al interactuar con Mons. Devie, Colín adquirió tanto firmeza como diplomacia. Todo esto lo preparó para la misión que le esperaba.

En 1852, cuando Mons. Devie estaba en su lecho de muerte, pidió ver al P. Colín, que vino a Belley para despedirse de su mentor. El moribundo dio su bendición a la Sociedad de María. También le dio a Colín algunos consejos y recomendaciones personales, para evitar herir los sentimientos de los demás en su trato con ellos y no permitir que sus malos humores pudieran ganarle.

# Capítulo 6
# El reconocimiento por parte de Roma y la misión a Oceanía

Hacia finales de 1830, el pensamiento de Juan-Claudio Colín comenzó a dirigirse nuevamente hacia Roma y a su promesa de presentar al Santo Padre el proyecto de la Sociedad de María y explicar su origen sobrenatural. A principios del año siguiente, el 2 de febrero de 1831, se produjo en Roma un acontecimiento que iba a tener un efecto determinante en el futuro de la Sociedad de María. Se trata de la elección de un nuevo papa para suceder a Pío VIII, que había reinado brevemente tras la muerte de León XII en 1829. Fue elegido el Cardenal Mauro Cappellari, quien tomó el nombre de Gregorio XVI. Cappellari era un monje camaldulense, que combinaba una gran piedad personal y sencillez de vida con políticas profundamente conservadoras tanto en la Iglesia como en el Estado. Como cardenal, había sido Prefecto de la Sagrada Congregación para la Propagación de la Fe ('de Propaganda Fide', a menudo simplemente 'Propaganda')— hoy conocida como 'Evangelización de los Pueblos'. En esta función se interesó por renovar el esfuerzo misionero de la Iglesia Católica, que se había visto interrumpido por los tumultos y despojos de las décadas anteriores. Ya siendo Papa, continuaría con este proyecto.

Cuando Mons. Devie se enteró del deseo de Colín de ir a Roma, lo desalentó. Aparentemente, no se hizo nada para impulsar el plan durante el resto de 1831 y todo el año 1832. Las cosas se pusieron nuevamente en marcha al año siguiente. Se decidió acercarse a la corte de Roma a través del Cardenal Vincenzo Macchi, con quien Colín había tratado cuando era nuncio papal en París. En abril de 1833 Juan-Claudio y otros seis aspirantes a Maristas, entre ellos su hermano Pedro, y Pedro Chanel, firmaron una petición para ser presentada al Santo Padre, que implícitamente solicitaba la aprobación papal de la Sociedad. Otras peticiones introducían el proyecto de Constituciones de la Sociedad y pedían indulgencias para los terciarios maristas laicos. Colín también necesitaba cartas de apoyo de las dos diócesis donde los Maristas se encontraban. Finalmente obtuvo de Mons. Devie, obispo de Belley, y del arzobispo Gastón de Pins, administrador de Lyon, cartas que expresaban su aprecio por los Maristas, pero que no llegaban a recomendar su aprobación por parte de Roma como congregación de derecho pontificio.

En agosto de 1833, Juan-Claudio y dos compañeros, Pedro Chanel, de la diócesis de Belley, y Antoine Bourdin, de Lyon, estaban listos para salir a Roma a presentar el proyecto Marista al Santo Padre. Era la primera vez en sus 43 años que Colín viajaba fuera de Francia. De hecho, era su primer viaje de importancia desde sus dos viajes a París hacía diez años. Cualquiera que haya sido su amplitud de miras, que finalmente abarcó una buena parte del globo, su mundo físico permaneció durante toda su vida extremadamente limitado. Simplemente no le gustaba viajar o ver nuevos lugares y, como sus antepasados campesinos, nunca se alejaba de casa, si podía evitarlo.

La primera escala fue en Lyon, donde los Maristas pusieron su viaje a los pies de Nuestra Señora de Fourvière y le pidieron su bendición y protección. Después fueron a Marsella, donde encontraron un velero a punto de cruzar el Mediterráneo hacia Civitavecchia, el puerto de Roma. El barco tenía un nombre de buen augurio, 'Nuestra Señora del Buen Socorro'. Resultó ser, sin embargo, un barco de cabotaje, sin alojamiento para pasajeros. Los tres Maristas durmieron en la cubierta y tanto Colín como Chanel sufrieron mareos. Las tormentas dificultaron el viaje, y al barco le entraba agua por doquier. Finalmente, llegó la nave a Civitavecchia, donde se les informó que se les pondría en cuarentena. Sin embargo, se permitió a los Maristas continuar hasta Roma, donde llegaron a la *Porta di San Pancrazio* en el Janículo antes del amanecer del 15 de septiembre. Encontraron alojamiento en el centro histórico cerca de la iglesia nacional francesa de San Luis de los Franceses. Si Juan-Claudio experimentó alguna emoción intensa al llegar por fin a la Ciudad Eterna, nunca nos lo dijo.

La Roma que Juan Claudio Colín vio en 1833 era una ciudad mucho más pequeña que la actual, con una población de apenas 150.000 habitantes, contenida dentro de sus antiguas murallas. Bajo ningún aspecto era una ciudad moderna, ni siquiera para los estándares de la época. Era casi enteramente eclesiástica y giraba en torno a la corte papal. La administración de la Iglesia no estaba en ese momento tan centrada en el Vaticano como lo está ahora.

El Papa vivía normalmente en el Palacio del Quirinal, donde también se encontraban las oficinas centrales del gobierno civil de los Estados Papales. Allí se celebraban las audiencias, así como los cónclaves para elegir un nuevo papa. Otras reuniones de cardenales podían tener lugar en el Quirinal o en el Vaticano. Los departamentos eclesiásticos de la curia romana no tenían todos oficinas permanentes propias, como las tienen ahora, y sus funcionarios trabajaban a menudo en el palacio del cardenal que los dirigía en ese momento.

Los tres Maristas pronto se dieron cuenta de que habían llegado justo cuando todo estaba cerrado por las largas vacaciones: Colín ya estaba previendo que tendría que quedarse hasta la Navidad. Mientras tanto, los peregrinos Maristas hicieron varias visitas al Cardenal Macchi y visitaron a otros prelados que aún estaban en Roma. Hicieron la ronda habitual de los peregrinos-turistas. Cada día celebraban misa en una iglesia diferente. Como todos los peregrinos antes y después, compraron rosarios, medallas y libros piadosos. Como todos los turistas, estaban cansados al final del día.

Había, sin embargo, una visita todavía por hacer, y era la más importante, el objeto de hecho del voto de Colín: tenía que ver al Santo Padre y 'abrirle mi corazón' acerca de la Sociedad de María y su regla. Tal vez en ese momento estaba empezando a percibir la forma en que las cosas funcionaban realmente en Roma: era muy poco probable que tuviera la oportunidad de tener el tipo de charla cara a cara con el Santo Padre como había imaginado. Sin embargo, las repetidas solicitudes de audiencia al chambelán papal recibieron por respuesta de que ya había demasiadas audiencias reservadas en el corto tiempo que quedaba antes la partida del Papa a Castel Gandolfo. Finalmente, el cardenal Macchi obtuvo una audiencia para el 28 de septiembre.

Al entrar en presencia del Papa, encontraron ante ellos una figura corta, vestida de blanco, de apariencia no distinguida, pero de aspecto benévolo, sentada en un trono. Siguiendo el protocolo de la época, se arrodillaron y besaron primero su zapatilla y luego su mano, después de lo cual el Papa los puso en pie y permaneció de pie con

Escalera (Quirinale)

ellos durante el resto de la entrevista. Había un problema de lenguaje. Chanel dijo algunas palabras en italiano, trastabilló y se detuvo. A Bourdin no le fue mejor con el latín. Colín creía que el Papa al menos entendía el francés y empezó a hablar en ese idioma, pero fue silenciado por una mirada. Al final el Papa habló en latín, mientras que los tres franceses respondieron en su propio idioma. Gregorio estaba bien informado y los remitió a los oficiales de la curia correspondientes. La audiencia terminó, excepto por la bendición final del Papa. Los tres Maristas presentaron los rosarios y medallas que habían comprado en su camino al palacio. Luego siguió un momento incómodo, ya que, inclinándose y retrocediendo de la presencia, tropezaron en el borde de sus sotanas, y además se desorientaron. El Papa les dijo, 'Girad a la derecha' y tocó una campana para que alguien mostrara la salida a sus visitantes. En esto, Colín le dio la espalda al Papa y salió corriendo hacia la puerta, seguido por los demás. Finalmente lograron salir, eufóricos por esta experiencia (más tarde, Juan-Claudio vería el lado divertido de su embarazosa salida). Se dirigieron inmediatamente para contarle todo al Cardenal Macchi el cual, según Bourdin, estaba 'encantado'.

Era hora de que Bourdin y Chanel regresaran a Belley para el año escolar que comenzaría en noviembre. Colín los acompañó hasta Loreto, donde se venera la Santa Casa, que se creía había sido transportada desde Nazaret. Luego regresó a Roma, que volvería a cobrar vida después de la fiesta de San Martín, el 11 de noviembre. Pasó el invierno en el monasterio franciscano contiguo a la Basílica de los Santos Apóstoles, conociendo a cardenales y monseñores que participarían en la aprobación de la Sociedad de María y su regla, y estudiando en la *Biblioteca Casanate*, una biblioteca pública adjunta al priorato dominicano de Santa María sopra Minerva. Allí encontró por primera vez un ejemplar de las Constituciones de los Jesuitas, que ejercerían una importante influencia en el desarrollo de las Constituciones Maristas.

Los prelados de la curia que Colín conoció quedaron impresionados por su sinceridad y devoción, pero mostraron poco entusiasmo por su proyecto, que encontraron 'un poco extenso', incluso 'una monstruosidad'. La Congregación de Obispos y Regulares se reunió en el Vaticano el 31 de enero de 1834 y, al recibir un informe negativo del cardenal Castruccio Castracane, decidió no aprobar la Sociedad. Sin embargo, como premio de consolación, recomendaron la concesión de las indulgencias solicitadas. No tenía sentido que Colín se quedara más tiempo en Roma. Llegó a Belley, antes de lo esperado, el 21 de febrero. Los estudiantes celebraron su regreso al seminario-colegio con toque de campanas, música, pasteles y vino, y el resto del día libre. Poco después, Mons. Devie le permitió vivir en La Capucinière. Y allí, al parecer, se detuvieron los asuntos de los Maristas.

Retrato de obispo (Pompallier)

Luego, en 1835, las cosas empezaron a cambiar. La Congregación de Propaganda Fide decidió crear un vicariato misionero de Polinesia Occidental además del vicariato de Polinesia Oriental, que ya había sido confiado a la Congregación de los Sagrados Corazones de Jesús y María ('Padres de Picpus'), fundada por Pedro Coudrin en 1817. De hecho, el nuevo vicariato incluía también en teoría a Melanesia y partes de Micronesia. La misión católica en el Pacífico Sur se consideraba sumamente urgente, ya que los misioneros protestantes, que llevaban varios decenios de ventaja, se estaban estableciendo rápidamente en toda la región.

La pregunta ahora era dónde encontrar unos misioneros y un jefe de misión. La búsqueda llevó a la Congregación de Propaganda a Lyon y a Juan-Baptiste-François Pompallier, quien había pertenecido durante varios años al grupo de aspirantes maristas -un añadido interesante, ya que éstos podían suministrar los misioneros necesarios. Se iniciaron gestiones tanto con Pompallier como con Colín, que el 10 de febrero de 1836 aceptó la invitación de dotar de personal al nuevo vicariato misionero. A cambio, recibió un Breve papal que reconocía (únicamente) a los sacerdotes de la Sociedad de María y les permitía hacer votos religiosos y elegir un superior general. Sin embargo, no fue hasta el 24 de septiembre que Colín fue elegido superior general, y sus compañeros y él pronunciaron los votos de pobreza, castidad y obediencia. Para entonces, Pompallier ya había sido nombrado vicario apostólico y consagrado en Roma como obispo titular de Maronea. Pompallier presidió la elección de Colín, pero no hizo votos religiosos, solamente una declaración de adhesión a la Sociedad de María. En aquel momento, nadie, ni siquiera Colín, parece haber pensado que fuera muy importante el hecho que Pompallier no fuera un marista profeso, y ambos parecen haberlo considerado como Marista en todo menos en el papel. Esto significaba, sin embargo, que el jefe de la nueva misión en el Pacífico no pertenecía realmente a la congregación religiosa a la que se le había confiado dicha misión.

A Pompallier se le dijo en Roma que esperara a que los misioneros Maristas tuvieran su propio superior religioso y también se le dijo cuáles eran las respectivas esferas de autoridad del superior religioso y la suya, como vicario apostólico. Para su sorpresa, Colín le delegó los poderes de superior religioso. Lo más importante para el futuro era la idea que Pompallier tenía de la autoridad del superior religioso, que se limitaba, según él, a velar por el cumplimiento de la regla por parte de los religiosos: todo lo relativo a los misioneros, incluido su bienestar espiritual y material, quedaba bajo la autoridad del vicario apostólico. Parece que al principio Colín consintió en esto; después de todo, no tenía ninguna otra información sobre los poderes respectivos del superior religioso y del vicario apostólico que la que le dio Pompallier, y, además, sólo había tenido una experiencia limitada como superior. Sin embargo, es importante comprender que la delegación de Colín a Pompallier era precisamente eso, una delegación: nadie pensaba que el vicario apostólico *como tal* debía ser el superior religioso, y Colín podía—y finalmente lo hizo—delegar esa autoridad a otros. Aquí apareció una fuente de conflicto posterior entre ellos.

# Capítulo 7
# El Superior General

Cuando Juan-Claudio Colín se sentó en su escritorio en La Capucinière en Belley por primera vez después de su elección como superior general, quizás ya en la tarde del 24 de septiembre de 1836, pudo hacer un balance de su posición y de la responsabilidad que se le había confiado. Había sido elegido como primer superior general de una congregación que él no había iniciado. No sólo eso: Estaba al frente de la sociedad en contra de su propia voluntad. En su manera de pensar, él era solamente una solución provisional hasta que alguien más adecuado pudiera asumir el liderazgo. Tuvo que admitir que, por lo pronto, no había nadie más disponible para llevar a cabo esa tarea.

El ascenso de Colín al liderazgo es excepcional y tiene pocos paralelos. Estaba dispuesto a dedicar todas sus energías a una causa en la que creía, aunque no la había iniciado, a emprender importantes iniciativas sin desear el cargo, a aceptar la responsabilidad, aunque convencido de que no estaba a la altura de la tarea que sus colegas le habían confiado, y buscando la primera oportunidad para dejarla. Al parece carecía de ambición o interés personal. Sus reparos de que no era realmente él quien dirigía la Sociedad van mucho más allá de las dudas normales ante la perspectiva de un cargo que puede resultar superior a sus fuerzas. Parecen representar lo que realmente pensaba de sí mismo: no actuaba por humildad o timidez, ni hay necesidad de recurrir a hipótesis psicológicas. La reticencia, sin embargo, no implica necesariamente falta de compromiso. Como anteriormente en el colegio- seminario de Belley, Colín, al tomar posesión de su cargo, se mostró con no poco entusiasmo en el desempeño de su deber, y se entregó a él por completo. Él gobernaría a la Sociedad durante los siguientes dieciocho años. Sin embargo, durante ese tiempo, continuó considerando su cargo como algo temporal e hizo varios intentos, o al menos planes, para renunciar al cargo de superior general, hasta que finalmente se le permitió renunciar en 1854.

Mientras tanto, había trabajo que hacer. El asunto más importante era, por supuesto, el envío de los primeros misioneros al Pacífico. Esto debía realizarse lo antes posible. Así, la nueva Sociedad no tenía tiempo para organizarse, y mucho menos para prepararse para una misión en un inmenso territorio al otro lado del mundo, con una población reducida, diseminada en un sinfín de islas, con culturas muy diferentes sobre las que no se sabía gran cosa en Europa. No es de sorprender que al principio haya habido momentos de confusión, vacilación o incertidumbre.

A finales de ese año trascendental de 1836, Mons. Pompallier partió hacia el Pacífico con cuatro sacerdotes y tres hermanos Maristas. Estos hermanos habían sido formados por Marcelino Champagnat en el Hermitage. Antes de salir de Lyon, los misioneros subieron nuevamente la colina de Fourvière para confiar la nueva misión a la Santísima Virgen. Sus nombres fueron escritos en un pergamino que debía estar guardado en un corazón votivo de plata; con el paso de los años se fueron añadiendo los nombres de sus sucesores.

Río costero (Hokianga)

Después de varios cambios de planes en el camino, Pompallier decidió establecer su base misionera en Nueva Zelanda. El 10 de enero de 1838, el obispo, con un sacerdote y un hermano, llegó, después de algo más de un año de viaje, al puerto de Hokianga, en el norte del país, donde se encontraba la mayor parte de la población Maorí y también de los colonos europeos. En el camino habían sufrido la muerte de Claudio Bret, y dejado a dos sacerdotes y dos hermanos en las islas de Wallis y Futuna, donde fueron los primeros misioneros cristianos. Los dejaremos a todos en sus nuevos puestos, teniendo en cuenta sólo la extrema dificultad del territorio de misión que Pompallier y los Maristas habían asumido, y la precaria existencia que a menudo tuvieron que llevar. También constatamos la enorme distancia que les separaba de Roma y de Lyon y la consiguiente lentitud y acasos de la comunicación -al principio, una carta de Europa a Nueva Zelanda podía tardar un año entero - y lo mismo sucedía para el envío de dinero, así como de información e instrucciones. Sobre la cuestión del dinero, la nueva misión recibió una subvención inicial tanto de la Congregación de Propaganda como de la diócesis de Lyon. Sin embargo, dependía para su futuro apoyo financiero de la asociación para la Propagación de la Fe, cuya fundadora, Pauline Jaricot, era también oriunda de Lyon, ciudad que seguía siendo, junto con París, el centro administrativo de esta notable organización dirigida por laicos. Estos fondos fueron canalizados al Pacífico a través de Colín. De hecho, fue a Lyon a donde, en 1839, transfirió la casa madre de la Sociedad de María desde Belley. Se trataba de una propiedad conocida como 'Puylata', situada en las laderas situadas junto al río Saona, un poco abajo de Fourvière. Desde la terraza, en un día claro, se puede ver el Mont Blanc.

Colín era directamente responsable de los sacerdotes y hermanos coadjutores Maristas en Europa, de su incorporación y formación, así como de los misioneros en Oceanía, y también, por ser su máxima autoridad, de los hermanos y de las hermanas Maristas, y de los laicos. Hasta 1839, había estado gobernando la Sociedad por sí mismo. Una vez instalado en Puylata, construyó una administración general y puso en marcha un sistema y una práctica administrativa formal.

Marcelino Champagnat fue miembro de esta primera administración, con especial responsabilidad sobre los Hermanitos de María. Sin embargo, desde mediados de 1839, su salud ya era un asunto de franca preocupación. La cuestión de su sucesión y del futuro gobierno de los Hermanos Maristas se hacía urgente. Colín pensó que había llegado el momento de que los hermanos eligieran a uno de los suyos para dirigir su instituto. El 12 de octubre de 1839 se encontraba en el Hermitage para presidir la elección del 'hermano director general', que se haría según las normas que él mismo había redactado. Se eligió al hermano Francisco Rivat, uno de los primeros compañeros de Marcelino Champagnat, para dirigir un instituto con 139 hermanos en cuarenta y cinco lugares de Francia, así como en Oceanía. Marcelino, sin embargo, seguía siendo 'provincial' de los hermanos y continuaba manteniendo correspondencia con Colín sobre cuestiones importantes, por ejemplo, sobre cómo responder a los obispos que solicitaban hermanos para sus diócesis, dado que estas peticiones llegaban de toda Francia, y eran muchas más de las que Champagnat podía atender.

Retrato de un sacerdote
(Champagnat)

El 4 de marzo de 1840, Miércoles de Ceniza, Marcelino sufrió un violento dolor en los riñones, que continuó hasta su muerte. Comenzó a preparar sus últimas disposiciones. El 18 de mayo, Marcelino dictó su 'testamento espiritual'. Es un documento que respira la santidad del hombre. Dirigiéndose a sus 'queridísimos hermanos' en su lecho de muerte, Champagnat subrayó la unidad de la Sociedad de María en sus varias ramas, bajo la autoridad de un solo superior general.

Del 24 al 25 de mayo, Colín estuvo en el Hermitage para despedirse. El 6 de junio de 1840, Marcelino Champagnat murió a la edad de 51 años. Fue enterrado dos días después. Pedro Colín y otros padres Maristas vinieron al funeral, pero Juan-Claudio no asistió. En el grupo original, solamente Champagnat había tenido igual estatura que Colín. Los dos hombres habían permanecido juntos durante muchos años, dialogando constantemente, no siempre de acuerdo, pero con un solo objetivo en mente, a saber, la 'obra de María'. El provincial de los hermanos no dudó en expresar opiniones contrarias a la del superior general, que no pocas veces cedió, aunque en otras ocasiones insistió en el acatamiento de Marcelino. Había una confianza total entre ellos. Para Colín, era el final de una sólida colaboración en la que, por debajo de las formalidades de la época, se mostraba un genuino aprecio e incluso afecto. Para la Sociedad de María, una época había terminado. Un gran árbol había caído, y el vacío nunca se llenó.

La Sociedad de María comenzaba a crecer rápidamente. Muchos de los que se incorporaban eran ya sacerdotes diocesanos, atraídos por la misión del Pacífico. En 1839, hubo solamente una incorporación, pero fue un futuro santo, Pedro-Julien Eymard, sacerdote de la diócesis de Grenoble, más tarde fundador de la Sociedad del Santísimo Sacramento y canonizado en 1962.

En Oceanía, la mayor parte de los recursos humanos y financieros se invirtieron en Nueva Zelanda, que era con mucho el grupo de islas más grande y más poblado del Pacífico. Aquí los Maristas se encontraron con una serie de problemas, además de los derivados de la distancia (que agravaron los demás). En primer lugar, los misioneros protestantes habían estado evangelizando a la población Maorí desde 1814, normalmente con éxito, aunque muchos no habían aún abrazado el cristianismo. Tanto los misioneros protestantes como sus conversos eran frecuentemente hostiles a la llegada de los misioneros católicos. Los Maristas también encontraron un crecimiento importante y rápido del número de colonos europeos, muchos de los cuales, a menudo veteranos irlandeses del ejército británico, eran católicos. Sus necesidades y expectativas competían cada vez más por las atenciones de los misioneros con su principal llamada a evangelizar a los Maoríes. En 1840, dos años después de la llegada de los misioneros católicos franceses, el gobierno británico estableció su dominio sobre todo el país, frustrando así las esperanzas de una colonia francesa en Nueva Zelanda. Pompallier y los Maristas estaban preocupados por cómo esto podría afectar a su presencia en Nueva Zelanda. Finalmente, surgieron fricciones entre el obispo y varios de sus sacerdotes, fricciones que finalmente involucraron al superior general.

Vidriera (martirio de Chanel)

Pedro Chanel se había quedado en la isla de Futuna, en Oceanía central, con el hermano Marie-Nizier Delorme. En la isla vecina de Uvea o Wallis estaban Pedro Bataillon y el hermano Joseph Luzy, que habían logrado, a finales de 1841, convertir prácticamente a todos los habitantes. El progreso fue mucho más lento en Futuna, de hecho, fue casi inexistente. Durante varios años, Chanel sólo logró bautizar a algunos bebés moribundos y a otros pocos. Por otro lado, su incansable generosidad y bondad le ganó a la gente local el nombre de 'el hombre de corazón bueno'. En abril de 1841, había quince catecúmenos adultos, uno de los cuales era hijo de uno de los dos reyes de la isla. Su conversión enfureció a su padre y condujo a un complot contra Pedro, que fue brutalmente asesinado el 28 de abril. También en Futuna, 'la sangre de los mártires fue la semilla de los cristianos'. En 1845 la toda isla se había convertido al cristianismo.

La noticia de la muerte de Chanel llegó a Europa un año después. La reacción inmediata de Colín a la noticia de esta segunda muerte de un Marista que él había enviado en misión fue de conmoción y dolor. 'Su corazón, sensible en extremo', según un observador, 'estaba tan conmovido y abrumado por la pérdida [como lo había estado por la de Bret]. Fue como si le hubiera alcanzado un rayo.' Luego siguió la reacción de sumisión a la voluntad de Dios: 'Se arrodilló, diciendo al Señor: ¡Alabado seas! . . . ¡Que se haga tu santa voluntad!'

Al anunciar a la Sociedad el asesinato de Pedro Chanel, el superior general lo describió como un martirio: 'Cantemos un himno de alabanza a María nuestra Madre, la Reina de los Mártires. Uno de sus hijos, nuestro hermano, ha merecido derramar su sangre por la gloria de Jesucristo'. La muerte violenta de Pedro Chanel fue reconocida como martirio por la Iglesia con su beatificación en 1889 y su canonización en 1954.

En los años posteriores al martirio de Chanel, los Maristas establecieron misiones precarias, pero finalmente duraderas en Tonga, Fiyi, ambas ya evangelizadas por los Metodistas, y Samoa. Un primer intento de afianzarse en Nueva Caledonia fracasó, con pérdida de vidas, por la hostilidad de la población local. Un segundo intento también tuvo que ser abandonado; el tercero tuvo éxito. La misión Marista en las Islas Salomón y Nueva Guinea resultó demasiado difícil y puso a prueba los recursos de la Sociedad. Se transfirió a los misioneros de la Sociedad Misionera de Milán, pero ellos tampoco pudieron sostenerla. Los Maristas volvieron finalmente a las Islas

Salomón en 1897. La historia de las primeras misiones Maristas en el Pacífico sudoccidental es una historia heroica, que aún no ha sido contada en su totalidad.

Colín nunca fue a Oceanía. Sin embargo, estuvo profundamente implicado en la misión marista en el Pacífico Sur. A menudo la distancia permite tener una perspectiva más amplia. Colín pudo - en colaboración con la Congregación de Propaganda Fide en Roma - planificar el futuro desarrollo de la misión de Oceanía, incluyendo la erección de nuevos vicariatos.

Durante su mandato como superior general, Colín envió quince expediciones de misioneros, con un total de ciento diecisiete Maristas—setenta y cuatro sacerdotes, veintiséis Hermanitos de María y diecisiete hermanos coadjutores. Esto representa un número importante y un sacrificio para lo que aún era una congregación pequeña. Colín estaba profundamente preocupado por sus hombres, de los que se sentía responsable ante Dios. Insistió en la necesidad de que los misioneros vivieran en comunidad y, más en general, en el derecho del superior religioso a asegurar su bienestar espiritual y temporal. Esto le llevó a un conflicto con Pompallier y más tarde con otros obispos misioneros, que querían tener a los misioneros totalmente bajo su propio control, y le hizo reflexionar sobre los papeles respectivos del superior eclesiástico y del superior religioso.

Una de las principales formas en que Colín apoyó a los misioneros fue como guía espiritual. Comenzando por el primer grupo que partió hacia Oceanía, el superior general les dio una regla de vida y una espiritualidad realista, que sus sucesores continúan practicando hasta el día de hoy.

En el retiro anual de septiembre de 1841, Colín hizo un primer intento de dimitir, un paso que había estado considerando durante varios meses y que había anticipado al quemar sus papeles privados. Creía que había llegado el momento de entregar el gobierno de la Sociedad a otro. Sin embargo, sus hermanos no estuvieron de acuerdo. Colín aceptó su decisión y se entregó nuevamente a su tarea.

# Capítulo 8
## La Misión de Oceanía

Hemos llegado a una cúspide en la vida de Juan Claudio Colín, especialmente en su generalato al frente de la Sociedad de María. Las decisiones tomadas y las tendencias confirmadas durante la primavera y verano de 1842 dieron forma a los acontecimientos e iniciativas futuras, como arroyos que bajan de una cuenca en las montañas. Por el momento, al menos, no se habló más de renunciar. Colín estaba al mando y tenía metas que lograr.

En abril de 1842 los Maristas se reunieron en 'congregación', la cual puede considerarse su primer capítulo general. Había que decidir una serie de asuntos. El asunto principal era la discusión y aprobación de un primer borrador del texto de las Constituciones, en el que Colín había estado trabajando desde hacía algún tiempo. También había cuestiones urgentes relativas a Oceanía, donde las relaciones con Mons. Pompallier eran muy tensas. Sin embargo, éstas no se debatieron en la sala capitular, sino que Colín comentó informalmente varias de ellas. Un acto no programado fue acceder a la petición de los hermanos Maristas de declarar la unión permanente entre padres y hermanos en la misma Sociedad de María y bajo un solo superior general.

El texto de constituciones aprobado por la congregación en abril de 1842 era el más completo elaborado hasta ahora por Juan-Claudio Colín. Sin embargo, no lo consideró como la expresión definitiva de la 'regla', ya que el capítulo final seguía sin terminar. Aunque distaba mucho de ser un simple esquema muy general de las exigencias de la vida religiosa Marista, Colín se abstuvo de incluir muchas de las prescripciones detalladas que aún consideraba como pertenecientes a la regla y que insertaría más adelante en las Constituciones de 1872.

Colín había reformulado el acervo de la legislación Marista al colocarlo dentro de un marco, que era básicamente el de la Compañía de Jesús. Sin embargo, una comparación, por breve que sea, revela que no hay una simple correspondencia entre los contenidos de los mismos capítulos de los dos documentos. Por una parte, Colín no dudó en utilizar ampliamente el texto de San Ignacio, incluyendo grandes secciones tomadas textualmente, en particular sobre el noviciado y sobre el superior general. Por otra parte, no sólo adaptó su fuente, sino que también introdujo mucho material propio de la Sociedad de María y que a menudo expresaba sus propias intuiciones. Así, por ejemplo, al retrato ignaciano del superior general, con su evocación abierta de un ejército y su estructura piramidal de 'oficiales menores' dirigidos por un 'oficial mayor', añade el 'cuidado maternal' de los enfermos, la confianza en María, la oposición al espíritu del mundo y a la codicia de riquezas o posesiones. Colín se mantuvo fundamentalmente independiente de San Ignacio.

Sus pensamientos se dirigían ahora principalmente a Roma y al viaje que pronto emprendería. Ya había escrito al cardenal Fransoni, prefecto de la Congregación de Propaganda Fide, una carta que revelaba la creciente brecha entre Mons. Pompallier y los Maristas en Nueva Zelanda y su superior general en Lyon. Fransoni se preocupó por remediar la disputa, que ponía en peligro toda la misión del Pacífico. Intentó en esta etapa calmar los sentimientos heridos y reconciliar las partes. Sin embargo, Colín estaba convencido de que se necesitaba mucho más que unas simples palabras tranquilizadoras de Roma. Durante su próxima visita a la ciudad, tenía la intención de plantear la cuestión de las responsabilidades respectivas del obispo misionero y del superior acerca de los religiosos a quienes se había confiado la misión.

Otro tema que ocupaba la mente de Colín desde hacía tiempo era el de la reorganización de la misión en Oceanía Occidental, hasta entonces un único y vasto vicariato confiado únicamente a Mons. Pompallier. Ya se habían sugerido varios planes para una división del vicariato. Colín tenía ahora ideas precisas y propuestas concretas. Estaba armado con un 'Panorama de las Islas de Oceanía Occidental' de seis páginas, destinado a servir para fijar los límites de las nuevas misiones por establecer. Trazó las coordenadas de toda la zona del Pacífico Sur que formaba el Vicariato de Oceanía Occidental e identificó los principales grupos de islas que lo formaban: Nueva

Cruz y palmeras (Tutu)

Zelanda; Fiyi, Tonga, Samoa, Wallis y Futuna; Nueva Caledonia, las Nuevas Hébridas (ahora Vanuatu) y las Salomón; Nueva Guinea, Nueva Bretaña, Nueva Irlanda, las Islas del Almirantazgo, etc.; por último, las Carolinas, distinguiéndolas de las Marianas, que ya eran responsabilidad de la iglesia en Filipinas. Se describió cada grupo

a su vez, prestando atención al clima, los recursos naturales, la
población y el potencial de desarrollo, y se propuso una organización
eclesiástica para el futuro de la región. Nueva Zelanda, debido a su
tamaño y población y al interés que ya mostraban allí los misioneros
protestantes, necesitaba dos vicariatos. Un tercer vicariato agruparía
a Fiyi, Tonga y Samoa, junto con Wallis y Futuna, Rotuma, las Islas
Gilbert (ahora Kiribati) y otras más. Nueva Caledonia, las Nuevas
Hébridas y las Salomón deberían constituir un cuarto vicariato, y
Nueva Guinea y sus vecinos un quinto. Las islas micronesias de las
Carolinas, al norte del ecuador, constituirían un rico campo de misión
y podrían también necesitar un vicario apostólico. Tan bien fundadas
estaban estas recomendaciones que,
cuando Juan Claudio Colín se retiró
de la dirección de la Sociedad en
1854, todas habían sido o estaban
a punto de ser implementadas por
Roma.

El 28 de mayo Juan Claudio
Colín, acompañado por Víctor
Poupinel, partió de Lyon a Marsella
y luego a Roma, a donde llegaron el
2 de junio. Mucho había cambiado
en los nueve años desde su primera
visita a la Ciudad Eterna, y el
viaje a Roma de 1842 se realizó en
circunstancias muy diferentes a las
de 1833. En aquel entonces Colín
había sido únicamente un sacerdote
desconocido de una pequeña
diócesis de Francia que buscaba el

Retrato de un sacerdote (Poupinel)

reconocimiento papal de una nueva congregación religiosa, lo que
dejó escépticos a muchos, aunque todos quedaron impresionados
por su sinceridad y su fe. En aquella ocasión había llevado unas
recomendaciones bastante tibias de dos obispos, y no conocía a nadie
en Roma excepto al Cardenal Macchi, a quien había tratado en París
hacía diez años. Ahora era el superior general de una congregación
aprobada por el Papa y responsable de un esfuerzo misionero al otro
lado del mundo. Tenía alrededor de 100 sacerdotes directamente
bajo su mando y era también visto extraoficialmente por muchos

como superior general de los grupos de hermanos y hermanas de la enseñanza, así como de varios grupos de laicos. Durante varios años mantuvo una correspondencia regular con el Cardenal Fransoni, y otros cardenales lo recordaban bien, en particular el Cardenal Castracane, quien, aunque seguía oponiéndose al concepto de una sociedad con varias ramas, había llegado a apreciar y estimar a Juan-Claudio Colín. Ahora se le abrirían las puertas. Se había convertido en una figura significativa a los ojos de la Curia romana.

Poupinel relata que quienes se encontraban por primera vez con Colín en Roma a menudo se quedaban impresionados por su 'mirada de santidad y sencillez', por su modestia y humildad: uno incluso esperaba que un día fuera canonizado y que su estatua ocupara el nicho entonces vacante en San Pedro junto a la de San Alfonso de Ligorio. A pesar de su aversión a la vida social, Colín recurrió a varios cardenales. También, por supuesto, trataba regularmente con Fransoni y Castracane. Este último se esforzaba por ser amable con Colín y le saludaba con gran atención. En una ocasión, cuando había pasado por delante de Colín en la calle sin darse cuenta, se asomó a la ventana de su carruaje para saludarle. En otra ocasión, cuando el propio cardenal iba a pie, aceleró el paso para alcanzarle. Colín, por supuesto, caminaba por todas partes, lo que le resultaba muy cansado, hasta que Castracane y otros le convencieron de que siguiera el ejemplo de Felipe Neri y que tomara un carruaje de vez en cuando: no había necesidad, le dijeron, de ser más santo que el santo, al que le gustaba decir que en Roma 'todo es vanidad, excepto montar en un carruaje'.

A medida que Castracane fue conociendo mejor a Colín, su admiración creció. Le dijo a otro sacerdote: 'Es el *vir simplex et rectus* (varón sencillo y recto) del que habla la Sagrada Escritura [*cf* Job 1:1]. El padre Colín es un santo. Ha comprendido su época'.

La visita más importante que hizo en Roma fue, por supuesto, al Papa, que era aún Gregorio XVI. Colín, sin embargo, no tenía prisa en pedir una audiencia y no la solicitó hasta bastante tarde en su estancia en la Ciudad Eterna. Le confió a Poupinel que con gusto se libraría de ello si pudiera, ya que 'sólo equivale a ir allí para recibir elogios del Santo Padre sobre lo que la Sociedad está haciendo por las misiones extranjeras'. Ya sabía que no podía hablar de asuntos con el pontífice, que sólo lo remitiría a los funcionarios de la curia apropiados. Finalmente pidió una audiencia a finales de julio. Se fijó para el 3 de agosto, pero no tuvo lugar hasta tres días después. Hubo una pequeña incomodidad en el protocolo, con el Papa no dejando que Colín besara su zapatilla y el superior general no queriendo tomar la mano que Gregorio le ofrecía. Resultó que el papa había sido nuevamente 'bien informado' sobre su visitante y habló con él sobre las misiones de Oceanía, el P. Chanel, la misión propuesta en el África del Sur y la protección del gobierno francés. Finalmente, Colín pidió la bendición apostólica para toda la Sociedad. 'Con mucho gusto', respondió el Santo Padre, 'con todo mi corazón, para que crezca en fortaleza'. Después de todo, fue algo más que una simple visita de cortesía.

Como en la ocasión anterior, Colín también fue peregrino y turista en Roma. Como antes, se dedicó al estudio, en particular del derecho canónico. Todo el mundo felicitaba a la Sociedad por haber tenido ya un mártir en la persona del P. Chanel. Se le había dicho cómo proceder para introducir la causa de su beatificación y escribió a Francia pidiendo que se recogiera toda la información posible sobre la vida de Pedro Chanel en Francia antes de su partida a Oceanía.

Colín dedicó por supuesto la mayor parte de su tiempo a los asuntos que lo habían traído a Roma. Esto implicaba la preparación y redacción de cartas y otros documentos y la consulta de expertos, así como muchas otras reuniones. Como es característico de Colín, también dedicaba mucho tiempo a la oración. Colín pensaba que no buscaría en esta ocasión la aprobación papal de su texto de las constituciones, sino que pediría asesoría para así tener la seguridad de que estaba procediendo en la línea correcta. El punto difícil para la Sociedad de María sería siempre su estructura de múltiples ramas, y especialmente la incorporación de los hermanos de la enseñanza, como un cuerpo ampliamente autónomo con su propia administración, casas y ministerios, bajo el superior general de los padres. Dos expertos a los que consultó contestaron que no habría ningún problema en obtener la aprobación papal para los hermanos como instituto independiente. El obstáculo para conseguir el reconocimiento de los hermanos como parte de la gran Sociedad de María era la oposición mostrada anteriormente por el Cardenal Castracane y su insistencia en que Roma sólo podía aprobar a la rama de los sacerdotes.

Colín fue a ver al Cardenal Castracane, quien, como era de esperar, presentó el decreto anterior. El superior general consideró sin embargo que el cardenal no comprendía suficientemente la situación de Francia, donde los hermanos, aún sin reconocimiento del Estado, se encontraban en una posición vulnerable: su unión con los sacerdotes les daba cierta protección y un estatus asegurado. Una vez que Castracane vio el punto, comenzó a buscar la manera de conseguir la aprobación de los hermanos sin retroceder en el decreto existente, tal vez como terciarios. Sin embargo, seguía teniendo reservas sobre la idea. No tenía ninguna duda de que la cosa podría funcionar mientras Juan-Claudio Colín fuera superior general. Más allá de eso, sin embargo, estaba menos seguro y temía que hubiera dificultades más tarde entre padres y hermanos. No se le había escapado el hecho que los hermanos eran ya mucho más numerosos que los padres, y preveía que un día exigirían su independencia. Colín estuvo de acuerdo, sobre todo si algún superior llegaba a causar más tarde problemas a los hermanos. Una sabia legislación podría evitarlo, pero no se podría legislar para todo, sobre todo para cosas que podrían no ocurrir en mucho tiempo. De hecho, no se preocupaba demasiado si las ramas se separaban más tarde; lo que era más importante era el presente, cuando los hermanos necesitaban la unión con los sacerdotes bajo su superior. Al parecer, la cuestión de las ramas comenzaba a ser para él menos una cuestión de principios que de conveniencia práctica.

También hubo, por supuesto, importantes discusiones entre Colín y el cardenal Fransoni en relación con Oceanía. Colín sostuvo que, para resolver las diferencias en Nueva Zelanda, debía quedar clara la autoridad legítima de un superior religioso sobre los sujetos que forman parte del personal de un vicariato misionero. El prefecto de Propaganda finalmente estuvo de acuerdo e invitó a Colín a exponer lo que pensaba que debía contener un decreto de la congregación romana. Colín pidió cuatro cosas: establecer un provincial en Nueva Zelanda, que representara al superior general de la Sociedad de María y que, sin perjuicio de los derechos y la jurisdicción del vicario apostólico y junto con él, 'velara por cada uno de los misioneros'; en caso de necesidad, poder retirar y sustituir a un misionero, avisando previamente a la congregación de Propaganda Fidei; exigir que los misioneros no fueran puestos ordinariamente en situación de aislamiento; llamar a uno de los misioneros cada cuatro o cinco años para informar a la Propaganda y al superior de la Sociedad de todo lo concerniente a la buena marcha de la misión y de cada misionero. La congregación aceptó estas disposiciones; pero, en una versión posterior de su decreto, que debía aplicarse no solamente a las misiones Maristas en el Pacífico, añadió un quinto artículo, en el sentido de que las comunicaciones entre el vicario apostólico y Roma debían pasar por el superior general. Colín no lo había pedido y preveía que esto traería más dificultades. De hecho, así fue, y en 1846 Roma rescindió el decreto en su totalidad.

El siguiente punto en la agenda de Colín durante su visita a Roma en 1842 fue comenzar a reestructurar la misión católica en el suroeste del Pacífico. Solicitó con éxito al cardenal Fransoni la erección de un nuevo vicariato de Oceanía Central, que incluyera a Tonga, Fiyi y Samoa, así como a Wallis y Futuna. El superior general presentó argumentos a favor de la adopción de medidas urgentes para impedir un mayor crecimiento de la presencia protestante en Fiyi, Tonga y Samoa.

A principios de agosto de 1842 Juan-Claudio Colín había concluido sus asuntos en Roma y esperaba poder salir con Víctor Poupinel la noche del 15 de agosto, solemnidad de la Asunción de María. Mientras tanto, había contraído malaria - una plaga común en Roma en esos días - y necesitaba un médico, que le prescribió la purga habitual, pero, para mayor efecto, también le recetó quinina. Colín quedó lo suficientemente impresionado por la gravedad de su enfermedad como para pedirle a Poupinel que mandara a buscar a su confesor si empeoraba, y que le diera instrucciones sobre qué hacer con sus papeles.

Al final, pudieron salir de Roma la tarde del 28 de agosto. Poupinel estaba preocupado y se preguntaba si el superior general aguantaría el viaje a Francia. Colín llegó a Lyon completamente agotado y exclamó: '¡Ah, finalmente! Ya no puedo más'. La fiebre había reaparecido, y se fue a acostar.

# Capítulo 9
## La Sociedad en Europa

A medida que la Sociedad crecía, se hacía urgente tener un texto final de las Constituciones aprobado por la Santa Sede. Finalmente, Colín no había pedido la aprobación de su texto de 1842. Durante los años siguientes, continuó trabajando en la regla. También se comprometió a redactar constituciones para las hermanas y para la rama laica, y, en un momento dado, también para los hermanos Maristas. A partir de este momento, comenzó a pensar en la posibilidad de dimitir como superior general, para dedicarse plenamente a la tarea de redactar las constituciones. Presentó su dimisión al capítulo de 1845, el cual, sin embargo, se negó a aceptarla, aunque le concedió tiempo libre del gobierno de la Sociedad.

1848 fue nuevamente un año de revoluciones en Francia y en toda Europa. En la ciudad de Lyon, la caída del rey Luis Felipe el 24 de febrero fue la señal para que bandas de trabajadores, especialmente tejedores de seda, la principal industria de Lyon, deambularan por las calles, entraran en las casas de religiosos y destruyeran los telares que encontraran. Su queja era que estas casas, a menudo orfanatos

Escalera (Puylata)

e instituciones similares, empleaban el trabajo no remunerado de sus moradores y así mantenían bajos los salarios de los demás trabajadores.

Los Maristas de Puylata, aunque no tenían telares de seda, se esperaban a que también su casa fuera invadida y temían la violencia y el saqueo. Colín había hecho un balance de la situación y volvió a mostrar la misma sangre fría que había permitido mantener el orden en la escuela de Belley en 1831. En la tarde del 26, relató a la comunidad lo que de hecho había estado ocurriendo en París y Lyon—la mejor manera de contrarrestar los rumores y especulaciones y calmar a la gente. Hasta ahora la única violencia vista había sido contra los telares de seda, no en contra de los propios religiosos. Los Maristas, dijo, recibirían sin duda visitantes esa noche, e informó cómo deberían ser recibidos. Un padre y dos hermanos vigilarían e inmediatamente acompañarían a 'los emisarios de la República' al refectorio, donde encontrarían pan, fruta, queso y vino—Colín había ordenado que se trajera mucho de las bodegas. Un toque de campana indicaría a todos que estuvieran listos, con su lámpara encendida. Deberían recibir a los que vinieran a inspeccionar sus habitaciones—presuntamente buscando telares—'con gran cortesía'. Alguien sugirió retirar una estatua conspicua de la Santísima Virgen: 'Claro que no lo haré, ¿qué diría la Nuestra Señora? Ella es nuestra protectora'. Además, el verla tendría un buen efecto sobre los visitantes.

La visita prevista se produjo. Los trabajadores alistados en la Guardia Nacional llegaron con armas y fueron recibidos por Colín y un compañero, comieron y bebieron todo lo que quisieron, pidieron un certificado de su buena conducta y se fueron. Evidentemente, se quedaron encantados con la recepción en casa de los Maristas y volvieron nueve veces más en los dos días siguientes. Finalmente, el día 28, la casa fue oficialmente requerida para suministrar comida a los revolucionarios, pero un guardia se colocó en la puerta para evitar nuevas incursiones. Como resultado, los Maristas pudieron continuar con sus tareas normales, en lugar de esconderse, como habían hecho otros sacerdotes religiosos.

La crisis inmediata había sido superada. Colín—a pesar de su preferencia personal por la antigua monarquía borbónica—creía que tanto los Maristas como él personalmente podían acomodarse incluso de una república. Sin embargo, se dio cuenta de que un gran cambio se estaba produciendo en Francia, que no estaría exento de importantes consecuencias para la Iglesia y la Sociedad de María. El 11 de marzo de 1848, el Comisario Provisional de la República en Lyon proclamó la disolución de todas las congregaciones religiosas no autorizadas (entre las que se encontraban los Maristas). Este decreto no se puso en práctica, pero cuatro días más tarde, temiendo la dispersión forzosa de los religiosos y la confiscación de sus bienes, Colín dispuso que Puylata fuera arrendada a amigos durante tres años y reubicó a la mayoría de los Maristas que se encontraban allí y en otras comunidades grandes (y que por lo tanto llamaban la atención). Mandó decir a los que estaban en París que estuvieran preparados para abandonar la capital en caso necesario. También redobló su insistencia en que los Maristas no debían atraer la atención, que sería seguramente hostil, sino que debían estar literalmente 'desconocidos y ocultos en este mundo'. En lugar de oponerse abiertamente a las ideas 'erróneas', como el comunismo que empezaba a prevalecer, los Maristas deberían trabajar por la salvación de aquellos que las profesaban.

El orden se restableció pronto y se instaló una Segunda República conservadora, que pronto se transformó en el Segundo Imperio bajo Napoleón III. Aun así, la revolución de 1848 trastornó más de un proyecto, como el plan de hacer un 'segundo noviciado' para aquellos que ya habían pasado cuatro o cinco años en el ministerio.

Las palabras de Colín dejan ver a veces un pesimismo cada vez más profundo sobre el período en que vivía la Sociedad. Nunca proclamó inminente el fin del mundo, pero parece que en privado creía que podría estar cerca. Eso, sin embargo, no era motivo de temor o consternación, ya que María había prometido ser el apoyo de la Iglesia al final de los tiempos. Este era, de hecho, el mismo momento en que la Sociedad cumpliría su misión: 'María se servirá de nosotros, sus hijos'. Puso un énfasis creciente en la necesidad de la fe y la oración, pues 'solamente ellas pueden convencer a las personas, iluminar su intelecto y tocar sus corazones'. La Sociedad de María era 'un cuerpo preeminentemente activo', pero no lograría nada 'a menos que unamos en nosotros al hombre de la oración y al hombre de la acción'.

A pesar de su constante preocupación por Oceanía, Colín también presidió un período de crecimiento para la Sociedad de María en Francia. La predicación continuó siendo un apostolado importante. El apostolado de las misiones parroquiales continuó. Esto se complementó con otras formas de predicación, como series especiales de sermones e instrucciones en Adviento, Cuaresma o Corpus Christi. El dar retiros a sacerdotes, seminaristas o religiosos se convirtió en una actividad cada vez más importante. En 1838 surgió una nueva obra, cuando los Maristas fueron invitados a hacerse cargo del santuario de peregrinación de Nuestra Señora del Verdelais, cerca de Burdeos (esta fue también la ocasión de trasladarse por primera vez más allá de las diócesis de Lyon y Belley). En 1846 y 1847 Colín aceptó otros dos

Iglesia con campanario Verdelais

centros de peregrinación, Nuestra Señora de Gracia, en Rochefort-du-Gard, en el sur de Francia, y Nuestra Señora de Bon-Encontre, cerca de Agen, al sureste de Burdeos. Durante las 'temporadas altas' de estos santuarios, los Maristas se ocupaban del cuidado espiritual e incluso temporal de los peregrinos. En otras ocasiones eran libres de salir a misiones parroquiales. En Verdelais y Agen, había una parroquia incorporada al santuario. Sin embargo, el P. Colín se oponía firmemente a que los Maristas se hicieran cargo de las parroquias regulares, ya que lo consideraba contrario a su vocación misionera.

Colín promovió cada vez más la educación como una de las principales obras de la Sociedad de María. Los Maristas finalmente dejaron el seminario del colegio de Belley en 1845. Ese mismo año, sin embargo, se abrió un nuevo colegio en Valbenoîte (Loira), en edificios que habían pertenecido a una abadía benedictina. De hecho, los Maristas habían estado allí desde 1831, actuando como coadjutores del párroco, que había comprado el lugar y tenía la intención de dejárselo a la Sociedad. A su muerte en 1844, Colín decidió establecer allí un internado, que pronto tuvo todas las clases habituales y unos noventa alumnos. Sin embargo, surgieron disputas sobre la forma en que se había dejado la propiedad, y una sentencia judicial decidió en contra de la Sociedad. El Superior General decidió entonces aceptar la invitación de las autoridades municipales de Saint-Chamond, que está cerca del Hermitage, para hacerse cargo del colegio municipal, al que transfirió el establecimiento de Valbenoîte. Una invitación similar llevó a los Maristas a la pequeña ciudad de Langogne (Lozère), donde reconstruyeron el deteriorado colegio y más tarde lo devolvieron al clero diocesano.

Toulon (Var) fue y sigue siendo una importante base naval francesa. En 1845 los Maristas habían establecido una residencia para misioneros en la cercana La-Seyne-sur-Mer, y la idea de establecer una escuela secundaria allí se hizo realidad. Sin embargo, no fue sino hasta 1849 que recibieron la autorización para establecer una escuela, la cual comenzó de manera muy pequeña, pero fue creciendo gradualmente hasta que, en 1854, contaba con 140 alumnos, en su mayoría hijos de oficiales de la marina.

Las dos últimas escuelas iniciadas durante el generalato del P. Colín fueron la de Brioude (Haute-Loire) en 1853-1854, y la de Montluçon (Allier) también en 1853.

Otra importante obra educativa que la Sociedad adoptó durante el generalato del P. Colín fue la de dotar de personal a los seminarios mayores diocesanos, donde los candidatos a las órdenes sagradas estudiaban teología y se preparaban para el sacerdocio. El primero de ellos fue el de Moulins (Allier, en 1847), al que siguieron el de Digne (Alpes de Alta Provenza, en 1849) y el de Nevers (Nièvre, en 1852). Los Maristas también asumieron la dirección del seminario menor de Digne en 1853.

Naturalmente, durante esta etapa de su historia, la mayoría de los que ingresaron en la Sociedad de María eran franceses. Sin embargo, es interesante observar que, incluso entonces, sus miembros empezaron a ser más diversos, con diecinueve candidatos provenientes de Saboya, y, por lo tanto, en este período, no eran ciudadanos de Francia sino del reino de Cerdeña-Piamonte. También había un puñado de candidatos provenientes de otros países europeos.

Durante todo el generalato del P. Colín, habían llegado peticiones y propuestas para establecer una presencia Marista ya fuera en Inglaterra o en Irlanda. El atractivo especial aquí era, por supuesto, la posibilidad de aprender inglés e incluso reclutar a personas de habla inglesa para las misiones del Pacífico, que incluían territorios tanto británicos como franceses. Sin embargo, Colín no había considerado que los limitados recursos de la Sociedad le permitieran aceptar tales propuestas.

Edificio con iglesia adyacente en St Anne's

En 1850, sin embargo, la Sociedad de María hizo su primera fundación europea fuera de Francia. Ésta se realizó en Londres, una ciudad ya conocida por muchos Maristas en tránsito hacia o desde Oceanía. A finales de marzo de ese año, Mons. Nicholas Wiseman, vicario apostólico del distrito de Londres y que, con la restauración de la jerarquía católica en Inglaterra y Gales, se convertiría en Cardenal-Arzobispo de Westminster, se dirigió a los Maristas para ver la posibilidad de abrir una casa en Spitalfields, en el 'East End' de Londres, para trabajar entre los inmigrantes irlandeses, que habían llegado en gran número después de la reciente hambruna, y cuyas necesidades abrumaban a la Iglesia en Inglaterra. Actualmente eran atendidos por el padre Joseph Quiblier, a quien Colín había conocido en Roma, cuando era superior de los Sulpicianos de Montreal. Había probablemente sido él quien había sugerido los Maristas a Wiseman y actuaba como su intermediario.

Quiblier llegó poco después en persona a Puylata, y Colín aceptó enviar tres sacerdotes y dos hermanos. No había iglesia católica ni presbiterio en Spitalfields. Los Maristas tendrían que construirlas, y Colín pidió ayuda a la Asociación para la Propagación de la Fe. El fruto de estas negociaciones fue una presencia misionera Marista en el 'East End' de Londres, atendiendo a sucesivas oleadas de nuevos inmigrantes, que duraron hasta tiempos recientes.

# Capítulo 10
## El Futuro de la Sociedad

Colín también pensaba en la futura configuración de la Sociedad. Sentía cada vez más que la constante oposición de Roma a la aprobación de una Sociedad con varias ramas podría significar que después de todo, esta idea no se ajustaba a la voluntad de Dios. Empezó a preparar a los hermanos Maristas para su separación de los padres. Un momento clave en este desarrollo fue la aprobación en 1852 por parte del Estado de los Hermanos como una congregación de educación, lo que significó que ya no tenían necesidad del 'paraguas' que los padres les ofrecían. En 1854, año en que Colín renunció como superior general, los hermanos eran ya totalmente independientes.

Si la separación de los hermanos se logró sin problemas, no fue así para las hermanas. En resumen, Colín creía que las hermanas Maristas también necesitaban convertirse en una congregación totalmente independiente, de derecho diocesano en espera de la aprobación pontificia. Esta era una posición razonable. Bastante menos fácil de entender es su insistencia en que tenían que dejar de llamarse 'hermanas Maristas' y adoptar el nombre de 'Religiosas del Santo Nombre de María'. Jeanne-Marie Chavoin, que ya no era la superiora de las hermanas, argumentó elocuentemente que, independientemente de su estatus canónico, era la voluntad de Dios que las hermanas siguieran siendo una rama de la Sociedad. Había muchos factores que complicaban todo esto, incluyendo el ascenso a posiciones de liderazgo en la congregación de una nueva generación de hermanas, cuyas ideas no eran idénticas a las de la fundadora. Finalmente, Colín perdió la paciencia con Jeanne-Marie y, durante un tiempo, rompió toda relación con ella. Fue el final triste de una larga y alguna vez profunda amistad. Las hermanas Maristas, en todo caso, mantuvieron su nombre, adoptaron las constituciones escritas por el P. Colín y finalmente se convirtieron en una congregación de derecho pontificio.

Hasta ahora hemos dicho poco sobre la tercera rama de la Sociedad, como se planeó originalmente, la de los miembros laicos. De hecho, Colín sólo estuvo involucrado directamente con ella de manera ocasional. Un acontecimiento importante en la historia de la rama laica fue el nombramiento como director, a finales de 1845, de Pedro-Julien Eymard. La dirección de la Tercera Orden de María por parte de Eymard fue decisiva en su historia, tanto por el crecimiento del número de terciarios como por la formación de grupos particulares para diferentes categorías de personas, así como por la orientación que les dio. El 8 de diciembre de 1846, recibió en la Tercera Orden Marista a su miembro más ilustre, Juan María Vianney, el santo cura de Ars. La regla que compuso en 1847 estaba en la tradición clásica de las 'terceras órdenes', como las de los franciscanos, dominicos y carmelitas, es decir, de los laicos que no sólo estaban estrechamente asociados con los religiosos, sino que también vivían en el mundo una especie de vida religiosa mitigada, con mucho énfasis en la oración y la vida interior.

Esta concepción de la rama laica contrastaba con la visión muy diferente de la 'Cofradía de Fieles de ambos sexos que viven en el mundo', que Colín había esbozado en el *Summarium* de 1833. Esta estaba en teoría abierta a todos los católicos y prescribía sólo unas pocas oraciones simples y prácticas piadosas. Aun así - al menos en esta etapa - no protestó contra el reglamento de Eymard. Tal vez sólo dejaba las cosas al hombre que había nombrado. En cualquier caso, a pesar de sus intenciones, aún no había escrito la regla para la Tercera Orden. También es posible que la prudencia y la experiencia jugaran su papel en este cambio de dirección. La idea de 1833 - de una organización abierta a todos y con una misión universal, que estaría sujeta al superior general Marista - no le había gustado al cardenal Castracane y a la curia romana, que temían que los gobernantes civiles la percibieran como algo subversivo. Las autoridades de la Iglesia y del Estado se sentirían mucho más cómodas con una tercera orden tradicional en una línea ya conocida. Las primeras ideas de Colín sobre el laicado, como tantas otras relativas a la Sociedad, podrían esperar otro momento.

En cuanto a las obras de la Sociedad, Colín se estaba volviendo cada vez más pesimista sobre el futuro de los Maristas en el Pacífico. La situación en Nueva Zelanda se resolvió con la creación de dos diócesis: Mons. Pompallier permanecería en la primera, mientras que los Maristas se retirarían a la segunda. La cuestión de las relaciones entre los superiores eclesiásticos y los religiosos de los vicariatos misioneros se resolvió finalmente en 1851, pero en una dirección completamente opuesta a las ideas de Colín. En adelante, en un territorio misionero confiado a una orden o congregación religiosa, el jefe de misión debía también ser considerado *ex officio* como superior religioso. Las dificultades que Colín tuvo con los obispos misioneros le llevaron incluso a cuestionar la idoneidad de los religiosos para trabajar en un vicariato misionero.

En cualquier caso, parece haber sentido que el coste humano del esfuerzo Marista en Oceanía era demasiado alto. De los misioneros que envió, veintiuno habían muerto, por violencia o enfermedad, antes de 1854. Era el momento de por lo menos hacer una pausa y reflexionar. Después de 1849 no envió más misioneros a Oceanía, aunque siguió apoyando a los que estaban allí. Las expediciones misioneras fueron reanudadas por su sucesor.

Al mismo tiempo que repensaba la misión Marista en Oceanía, Colín movía a la Sociedad de manera decisiva hacia la educación, a la que veía igualmente como 'territorio de misión.' Como hemos visto, estableció nuevas comunidades, tanto en las escuelas existentes confiadas a la Sociedad como en nuevas fundaciones. En 1848 el retiro anual fue seguido de una semana de estudio sobre la educación, lo que atestigua la creciente importancia de este ministerio en la rama de los sacerdotes. Al año siguiente, Colín convocó una reunión de los superiores de los establecimientos educativos para elaborar un plan de estudio común para los colegios Maristas.

Los años posteriores a 1848 vieron también el surgimiento de un nuevo proyecto Marista. En 1841, mientras esperaba en el patio del colegio de Belley el carruaje que le llevaría a Lyon, Colín reveló a sus compañeros

Edificio entre árboles Marcellange

que estaba pensando en una rama contemplativa. La idea parece
haberse originado con algunos de los terciarios laicos de Lyon, que
querían llevar una vida de oración y recogimiento. Colín los escucho
con beneplácito. De hecho, le atraía a él mismo el llevar una vida así.
Había discutido el proyecto con el obispo de Belley, quien lo aprobó.
Mons. Devie tenía una propiedad disponible, y sentía la presión de
quienes querían que se estableciera allí algún tipo de comunidad
contemplativa. Esta viviría bajo una regla mucho menos exigente que
la de los Trapenses o Cartujos. La nueva comunidad se estableció en
Marcellange (Allier) en junio de 1842. Dos años más tarde, la casa fue
cerrada, pero Colín no abandonó la idea.

Foto antigua del edificio y la colina La Neylière

Para 1850 Colín había encontrado una propiedad más adecuada,
llamada 'La Neylière', en los Montes del Lyonnais. Colín dedicaría
mucho tiempo y atención a esta casa en los meses y años venideros.
Mientras tanto, el proyecto había evolucionado un poco, pasando
de ser un 'monasterio trapense mitigado' esencialmente para laicos,
a uno en el que los padres Maristas también estarían involucrados.
Otro cambio importante vino de fuera de la Sociedad. La Adoración
Eucarística había sido durante mucho tiempo una devoción central
en la vida católica. En París y en otros lugares se estaba formando un

movimiento para organizar la Adoración Perpetua, y el padre Marista Antoine Bertholon estaba muy involucrado en ella. Se convirtió en el director espiritual de la Madre María Teresa (Teodelinda) Dubouché, fundadora de las Hermanas de la Adoración Reparadora. Otros Maristas también la conocieron a la madre Dubouché.

Mientras tanto, en 1845, durante la procesión del Santísimo Sacramento en Lyon en la fiesta de Corpus Christi, Pedro-Julien Eymard experimentó una fuerte atracción por hacer de Jesús-Eucaristía el centro de su ministerio sacerdotal. En enero de 1849 estuvo en París, donde se reunió con el grupo eucarístico y regresó a Lyon con ideas para promover la devoción eucarística entre los Maristas. Ese mismo año, el cardenal de Bonald pidió a los padres Maristas que se ocuparan de la devoción de la Adoración Nocturna en la ciudad. También en 1849, la Madre Marie-Thérèse tuvo un éxtasis en el que vio a los sacerdotes en adoración y comprendió que eran Maristas.

En el retiro anual de septiembre de 1850, Colín pudo hablar de la nueva propiedad de La Neylière adquirida 'en interés de la Sociedad y por otros motivos muy poderosos que conciernen la gloria de Dios y el bien de las almas'. Entró en detalles sobre el propósito de la casa y sus esperanzas en ella y exclamó: '¡Ah, si esta casa pudiera estar imbuida del espíritu dado por San Francisco de Sales al convento de la Visitación!'

En mayo de 1852, una vez terminadas las extensas modificaciones de la casa, Colín sintió que se podía establecer allí una comunidad. En el curso del retiro inaugural, habló varias veces de la nueva obra, dando detalles de la regla a observar. No pensaba ya en una sola casa, sino en una 'obra' más grande, incluso una 'nueva rama' de varias casas bajo la autoridad del superior general.

Colín también expuso los dos propósitos que pretendía que cumpliera la casa: primero, ofrecer un 'refugio' a muchas almas para

Estatua y ventanas La Neylière

las que el mundo estaba lleno de peligros y que querían entregarse sinceramente a Dios—por esta razón 'probablemente' se pondría bajo el patrocinio de Nuestra Señora de la Piedad o de la Compasión; segundo, ofrecer a los miembros activos de la Sociedad de María un lugar de retiro donde podrían renovar su celo y donde podrían prepararse a la muerte al final de su carrera. En esta etapa, parece que la Adoración Eucarística se convertiría en un elemento importante de la vida en La Neylière, pero no su único o principal objetivo.

El 24 de julio de 1853, Colín bendijo la capilla de Nuestra Señora de la Compasión en La Neylière. En el retiro anual de ese año, habló largo y tendido sobre la casa. A estas alturas deseaba que fuera una 'casa de oración donde habría Adoración Perpetua.' Esa no fue la única novedad en su pensamiento. Preveía una situación en la que una parte de la Sociedad se dedicaría a predicar y a buscar a los pecadores para convertirlos, mientras que la otra parte 'levantaría constantemente sus manos al cielo' para atraer la gracia sobre los misioneros. los que rezaban, no los que buscaban a los pecadores, serían los verdaderos misioneros.

Colín compartió con la Madre Dubouché sus esperanzas e intenciones acerca de la obra eucarística Marista y mostró interés en la de ella. A finales de 1853, podía prever que 'los sacerdotes que se ocupan en Francia de la adoración del Santísimo Sacramento' podrían un día 'formar una corporación dedicada exclusivamente a esta obra, casi en el mismo plan que las hermanas de la Reparación'. Por el momento, sin embargo, no miraba más allá de La Neylière. Parecía tener una visión muy amplia de la 'obra eucarística' en las diversas manifestaciones en las que se presentaba en Francia, entre los sacerdotes, hermanas y laicos, al considerar que tenía 'varias ramas y se extendía por todas partes', sin que una rama dependiera de otra. Su idea, le dijo a la madre Dubouché, era 'alentar todas estas obras, que tienden hacia el mismo objetivo, para reparar los ultrajes hechos a nuestro Señor', y le aconsejó que siguiera la misma línea. Es obvio que Colín no deseaba ponerse a la cabeza de esta múltiple 'obra', o de acoger sus diversas 'ramas' bajo la dirección de la Sociedad de María. De hecho, los Maristas debían permanecer 'desconocidos' y Colín no quería que su nombre fuera pronunciado.

Así pues, al comenzar el año 1854, el proyecto eucarístico Marista era todavía un 'trabajo en desarrollo', con Colín - cauteloso como siempre—negándose a 'ir demasiado rápido' y receloso de verse envuelto en esquemas grandiosos. En dos ocasiones, en enero y de nuevo en marzo le escribió a Eymard, pero no hizo ninguna mención de La Neylière ni de la obra eucarística. La evolución de sus respectivas ideas parece haber sido un caso de desarrollo paralelo. En cualquier caso, le dijo a la madre Dubouché, La Neylière 'sigue siendo mi obra preferida, no deseo nada más que terminar mis días al pie de los santos altares', y esperaba que Dios le concediera pronto esa 'libertad'.

# Capítulo 11
## 'El Padre Fundador'

Ya desde 1851 Juan-Claudio Colín había pensado en renunciar. Desde su elección como superior general, el 24 de septiembre de 1836, esperaba el momento en que podría confiar su cargo a otro, e incluso ya lo había intentado dos veces, en 1841 y 1845. En ambas ocasiones, sus hermanos no se lo permitieron: sin duda tenían una mejor opinión que él sobre su aptitud para gobernarlos. Colín había sufrido siempre los efectos físicos y emocionales del estrés, y ahora sentía que sus fuerzas estaban decayendo. Además, necesitaba completar el trabajo sobre las constituciones. Esta vez sus hermanos se inclinaban a estar de acuerdo con él acerca de su capacidad para continuar, y al parecer pensaban que había llegado la hora de un cambio en la cima. Algunos, sin embargo, temían que la renuncia de Colín al generalato pudiera llevar a una división en la Sociedad. Se planteaba también era la pregunta de si, al ya no ser superior general, Colín tendría la autoridad necesaria para dar a la Sociedad sus Constituciones. Juan-Claudio, por otra parte, creía que esta autoridad provenía de lo alto y era independiente de cualquier cargo.

Antes de poder renunciar, Colín necesitaba preparar los fundamentos legales para hacerlo. La Sociedad de María carecía de un procedimiento aceptado y aprobado para la elección de un superior general, que, por supuesto, habría sido establecido en sus constituciones. Así que Colín tuvo que idear un proceso electoral que fuera aceptado formalmente por los miembros de la Sociedad y aprobado expresamente por Roma. Por fin todo estaba listo, y en un capítulo que se reunió en Lyon el 5 de mayo de 1854, Juan Claudio Colín dejó el cargo de superior general de la Sociedad de María.

La Sociedad que Colín entregó contaba ya con 211 sacerdotes y 23 hermanos coadjutores en Europa, y estaba organizada en dos provincias. La más grande, la de Lyon, comprendía -además de la casa madre de Puylata y la nueva iniciativa de La Neylière- un noviciado en Lyon, un escolasticado en Belley, un tercer noviciado-escuela, cinco colegios (Brioude, Langogne, Montluçon, Saint-Chamond, La Seyne), tres seminarios mayores diocesanos (Digne, Moulins, Nevers) y un seminario menor (Digne), cuatro residencias de misioneros parroquiales (Moulins, Riom, Rochefort, Toulon), tres capellanías de los hermanos Maristas (incluyendo el Hermitage) y una capellanía de las hermanas Maristas.

La provincia de París era más pequeña. Sus novicios y escolásticos se formaban en la provincia de Lyon y no tenía aún ningún colegio. Había cinco grandes comunidades: París, Bon-Encontre (misiones), Valenciennes (misiones), Verdelais (santuario mariano, parroquia, misiones) y Londres.

De los misioneros que Colín había enviado al Pacífico, cincuenta y tres (cuarenta y cuatro sacerdotes y nueve hermanos) estaban todavía en Oceanía. De los sesenta y ocho que ya no estaban allí, veintiuno habían muerto en misión, algunos de ellos por violencia, y otros habían regresado a Europa o se habían marchado. En Nueva Zelanda, los Maristas habían abandonado los catorce centros misioneros que habían iniciado en lo que era ahora la diócesis de Auckland, pero tenían cuatro en la nueva diócesis de Wellington. En Oceanía Central había centros misioneros en Futuna y Wallis, tres más en Fiyi, tres en Samoa y dos en Tonga. En Nueva Caledonia había cuatro centros. Finalmente, había una casa para la procura de las misiones en Sydney, Nueva Gales del Sur.

Colín había también rechazado muchas peticiones provenientes de Francia y de otros países, ya que consideraba que los recursos de la Sociedad no le permitían aceptarlas. Por razones similares, creía que no podía aceptar invitaciones a otras misiones que no fueran las de Oceanía. una era la del África meridional, sobre la que dudó durante mucho tiempo antes de finalmente rechazarla.

El gran mérito de Colín fue tomar las riendas de una congregación religiosa que no él no había iniciado y dirigirla hasta que estuviera sólidamente instituida. Cuando fue elegido superior central en 1830, la existencia a largo plazo de la Sociedad de María estaba en duda. Durante los siguientes veinticuatro años, guio—no sin dificultades y contradicciones—a los incipientes grupos de sacerdotes, hermanos y hermanas, que se consideraban a sí mismos como sus ramas, hacia la madurez y finalmente hasta su reconocimiento como congregaciones religiosas independientes. Por esta razón, merece eminentemente el título de 'Padre Fundador', que pronto le fue otorgado.

El 10 de mayo el capítulo general eligió a Julien Favre como segundo superior general de la Sociedad de María. Tenía cuarenta y un años de edad, era nativo de Hotonnes (Ain) y había sido ordenado sacerdote de la diócesis de Belley en 1836. Poco después entró en la Sociedad de María recientemente reconocida y comenzó a enseñar teología en La Capucinière. Permaneció en este puesto hasta que, en 1852, Colín lo nombró Provincial de Lyon y, por tanto, segundo de la jerarquía Marista. Dado que Colín estaba preparando su partida, Favre podría ser considerado como su sucesor designado. En cualquier caso, el capítulo lo eligió en la primera ronda de votaciones.

Un comentario atribuido a Denis Maîtrepierre después de que Julien Favre sucediera a Juan-Claudio Colín como superior general de la Sociedad de María puede ser tomado como una síntesis—a riesgo de caricaturizarla—del contraste entre los dos hombres: 'Teníamos un fundador; ahora, tenemos un organizador'. Esta observación puede, por supuesto, tomarse de varias maneras: podría expresar el pesar de que los días de inspiración e innovación se hubieran acabado; también podría expresar la satisfacción de que hubieran dado paso a la normalidad y la previsibilidad. Maîtrepierre, que durante un tiempo había estado estrechamente asociado a Colín como su segundo al mando, se dio cuenta de que se había producido un profundo cambio. Quizás se echaría de menos lo que había quedado atrás. Sin embargo, no cabía duda de que, en general, él -y probablemente muchos Maristas—se alegraron, incluso se sintieron aliviados, al pasar a una nueva fase de consolidación y crecimiento estable bajo un hombre de método y orden, es decir, un 'organizador'.

En muchas órdenes y congregaciones religiosas - de hecho, en muchos otros tipos de organización—la transición del fundador y de la primera generación a la siguiente es notoriamente delicada, ya que la gente nueva quiere avanzar, a veces en formas que se apartan en mayor o menor grado de lo establecido anteriormente. No es de extrañar que el paso de Colín a Favre no haya sido fácil y haya dado lugar a heridas y malentendidos por ambas partes. El hecho de que la disputa resultante permaneciera al interior de la Sociedad y se resolviera sin cismas ni escándalos se debe en gran parte a la moderación mostrada por los dos hombres, a su devoción común a la Sociedad y a su deseo mutuo de anteponer los intereses de la Sociedad a las consideraciones personales.

Colín había dejado el cargo sin resolver la cuestión de si 'los Padres Maristas del Santísimo Sacramento' (como los llamaba a menudo) debían convertirse en una obra independiente de la Sociedad de María, o si debía ser una rama dentro de ella, y, en este último caso, cuál sería precisamente su relación con la institución principal. Estas eran preguntas que despertaban inquietud entre los miembros de la Sociedad. Al dejar de ser superior general había perdido su derecho a resolverlas. Pronto se produjo una crisis por la implicación de los Maristas, especialmente del propio Colín, en la obra eucarística. Favre se movió para significar su 'oposición formal' al proyecto de La Neylière, por lo que Colín dedujo que la obra eucarística tendría que estar jurídicamente separada del resto de la Sociedad de María. Sin embargo, no parecía pensar que esto le impidiera tener algo más que ver con ella. En agosto de 1855, Julien Favre decidió que había llegado el momento de una intervención explícita. No tenemos constancia directa de lo que pasó entre los dos hombres. El resultado fue que, en obediencia a su sucesor, Colín renunció a su plan de una comunidad contemplativa/eucarística en La Neylière, que le interesaba tanto.

Colín, sin embargo, continuó a mostrar interés y a apoyar a otros, tanto dentro como fuera de la Sociedad, que estaban involucrados en proyectos eucarísticos. Uno de ellos era Pedro-Julien Eymard, cuyos asuntos también avanzaban hacia un momento decisivo. En varias reuniones con ellos, Favre dejó claro su parecer. Apreciaba el trabajo eucarístico en sí mismo, pero lo consideraba como algo externo a la

Escritorio y silla La Neylière

Sociedad de María. También valoraba mucho a Eymard y deseaba mantenerlo en la Sociedad. Por eso quería que se retirara del proyecto eucarístico. Eymard, sin embargo, creía que su misión eucarística era prioritaria. El 14 de mayo de 1856, fue dispensado de sus votos en la Sociedad de María y se trasladó a París, para comenzar la Sociedad del Santísimo Sacramento. Al ser aceptado por el arzobispo de París, escribió a Favre pidiéndole que continuara su amistad con él y que, en cualquier correspondencia con Roma, sólo hablara de la 'obra' y no de su propia 'indignidad'. Favre le aseguró que 'la separación que se ha producido entre nosotros no nos impedirá amarnos siempre en los corazones de Jesús y María'. Informó a los Maristas del cambio de Eymard en términos de gran generosidad, orando para que pueda 'dar a conocer, amar y glorificar más y más a nuestro Señor en el sacramento de su amor, y nos alegraremos con todo nuestro corazón'.

Una de las razones por las que Colín había renunciado como superior general era para escribir unas constituciones para la Sociedad de María. Llegó a Belley en noviembre de 1855 y comenzó a trabajar en las de las hermanas y también en las disposiciones para los hermanos coadjutores. No sabía que, a estas alturas, Julien Favre había empezado a escribir unas 'Reglas Fundamentales' para los padres. Este fue el comienzo de una prolongada crisis, que más adelante estalló en proporciones que amenazaron la unidad de la Sociedad de María.

Favre le diría más tarde a Colín que había compuesto su regla 'más bien a pesar de mí mismo, dando lugar a las apremiantes súplicas del consejo y de un gran número de mis hermanos'. Esta explicación no procedía simplemente de un deseo de excusarse o de responsabilizar a otros. La nueva administración sintió la necesidad urgente de una regla autorizada para el gobierno de las casas y obras Maristas. Favre no podía, como Colín, asegurar a los Maristas que tal o cual punto estaba 'en la regla' o 'estaría en la regla'. Los posibles candidatos a la Sociedad que pedían ver las constituciones quedaban 'asombrados e incluso decepcionados' al saber que aún no había reglas escritas definitivas. En efecto, se les invitaba a comprometerse con algo indefinido. Por todas estas razones, no es difícil ver por qué el consejo de Favre debió haberle presionado para que proporcionara a la Sociedad—no de hecho unas constituciones definitivas, que todavía esperaban recibir de Colín—sino una colección provisional autorizada de sus reglas básicas, que guiaran su gobierno interno y que pudieran entregarse a los candidatos y novicios. Favre y un asistente trabajaron rápida y eficientemente. El 6 de enero de 1856 habían elaborado un texto de *Regulae fundamentales Societatis Mariae ex illius constitutionibus excerptae*, que Favre publicó el 2 de febrero siguiente. El título expresa la intención de recopilar sólo 'reglas fundamentales', que fueron 'tomadas' de las Constituciones de la Sociedad. Para los no iniciados, podría parecer simplemente un vademécum tomado supuestamente de un texto anterior que ya había sido aprobado.

La verdadera pregunta no es por qué Favre y sus consejeros escribieron este texto - la lógica es clara - sino por qué actuaron sin decirle a Colín. Mejor aún, ¿por qué el nuevo superior general no ofreció simplemente a Colín ayuda para completar el trabajo sobre las constituciones de los padres? ¿No habría evitado con ello muchos problemas para él y para la Sociedad de María, tanto a corto como a largo plazo? Parece que la decisión de Favre de no acercarse a Colín -una decisión ciertamente tomada por consejo de sus consejeros más cercanos y quizás instigada por ellos- fue motivada por la experiencia y la observación de la creciente dificultad de trabajar con él. Sería mejor enfrentar su ira después del hecho, que involucrarse en lo que probablemente serían negociaciones prolongadas que no prometían ningún éxito.

Cuando Colín recibió un ejemplar de las 'Reglas Fundamentales' de Favre en febrero de 1856, no tuvo más que leer la primera página para ver cómo, a pesar de afirmar que estaban 'tomadas de las constituciones', el nuevo superior general estaba de hecho—tal vez sin darse cuenta—realizando algunos cambios bastante radicales. ¿Se trataba acaso de la misma Sociedad?

¿Pensó Colín alguna vez durante este periodo en seguir a Eymard, con quien tuvo largas conversaciones en Lyon en marzo de 1856? Hubo quien lo afirmó más tarde. De ser así, Colín podría haberse inclinado a pensar que estaría justificado a hacerlo ya que Julien Favre estaba al parecer llevando a la Sociedad de María en una dirección distinta. Si ya no reconocía en ella la Sociedad por la que había dado su vida, ¿no sería mejor romper por lo sano y unirse a la nueva congregación que él llamaba 'el lado izquierdo' de su corazón? En todo caso, sabemos que permaneció en la Sociedad que era 'el lado derecho' de su corazón.

Favre presentó sus 'Reglas Fundamentales' a la Congregación Romana de Obispos y Regulares en abril de 1856. La Congregación las pasó a un consultor, que hizo varios comentarios. Uno de ellos fue señalar que, dado que las Constituciones de la Sociedad de María no habían nunca sido aprobadas, era por tanto inapropiado declarar en el título que estas reglas fundamentales habían sido 'tomadas de las Constituciones [de la Sociedad]'. Favre se puso a revisar el texto, que ahora se llamará simplemente 'Reglas fundamentales de la Sociedad de María'.

Colín sintió que había sido dejado de lado. Los años siguientes, desde mediados de 1850 hasta mediados de 1860, fueron en gran parte años de retiro y silencio. No participó en los asuntos de la Sociedad y no asistió a capítulos o retiros comunes. La única actividad pública en la que se comprometió regularmente fue con las hermanas Maristas: continuó acompañándolas y trabajando en sus constituciones. Poco a poco fue envejeciendo. Las enfermedades eran cada vez más frecuentes y le dejaban cada vez más débil. Seguía viajando a lugares familiares, pero tendía a pasar cada vez más tiempo en La Neylière. Su vida allí tomó un patrón regular, que podemos observar a través de los ojos de compañeros y visitas. Ahora tenía más tiempo para mantenerse en contacto con sus parientes, especialmente con los hermanos restantes y un sobrino y dos sobrinas que eran Maristas. También continuó manteniendo correspondencia con la Madre Marie-Thérèse Dubouché hasta su muerte en agosto de 1863.

Mientras tanto, el 13 de julio de 1856, Juan-Claudio sufrió la pérdida de su hermano Pedro, cuya vida estaba tan ligada a la suya. Estuvo con él en Puylata cuando falleció. Pedro Colín vivió necesariamente a la sombra de su hermano menor. Era, sin embargo, una figura importante y muy querida en la Sociedad, donde se le conocía como el 'Padre Director', desde sus días como director espiritual del colegio de Belley. Había jugado un papel importante junto a Juan-Claudio en el esfuerzo por establecer la Sociedad en los primeros días en Cerdón, y, de hecho, como párroco, había tomado la iniciativa, al menos formalmente, en varios actos oficiales. Se le puede considerar como cofundador de las hermanas Maristas, ya que fue él quien conoció a Jeanne-Marie Chavoin y la llevó junto con Marie Jotillon a Cerdón, donde continuó siendo su guía y protector. Siguió siendo uno de los colaboradores más cercanos de Juan-Claudio, una posición que no siempre fue fácil, incluso para el hermano del superior. Juan-Claudio sintió profundamente la pérdida de Pedro.

Dos años más tarde, el 30 de junio de 1858, Jeanne-Marie Chavoin murió en Jarnosse (Loira). Juan-Claudio había querido ir a verla, pero nunca lo consiguió. Ahora era él el único superviviente de los años heroicos de Cerdón y Belley, cuando los hermanos Colín y ella se apoyaban mutuamente en sus planes y trabajo por la Sociedad de María. A pesar de sus recientes diferencias, la relación entre Juan-Claudio y Jeanne-Marie había sido alguna vez muy cercana y profunda. Quizás eso explica la nota de amargura en su reacción a la negativa de ella a seguir sus ideas posteriores sobre las hermanas. En cualquier caso, había otro vacío irreparable en el círculo de viejos amigos y compañeros de armas.

A principios de 1860 las relaciones glaciales entre Juan-Claudio Colín y Julien Favre comenzaron a mejorar. El superior general envió saludos de Año Nuevo a su predecesor. Colín respondió amablemente, asegurando a su sucesor sus constantes oraciones por él y por la Sociedad. A mediados de ese año, el 15 de junio de 1860, la Santa Sede aprobó la regla de Favre, ahora llamada 'Constituciones de los Sacerdotes de la Sociedad de María', por un período de prueba de seis años. Colín concluyó que había sido 'relevado de la misión de escribir unas constituciones a los ojos de Dios y de la Sociedad', y que no tenía otro deber que el de prepararse para la muerte.

Sin embargo, no todos los Maristas estaban de acuerdo con esta apreciación. Un número cada vez mayor consideraba que sólo el P. Colín tenía derecho a redactar las constituciones definitivas de la Sociedad. Se convocó un capítulo general para 1866, al que el P. Favre instó a su predecesor a asistir, con el fin de 'poner el sello de vuestra sabiduría y autoridad en vuestra propia obra', y le pidió perdón por 'todo lo que le haya podido angustiar'. Cuando se abrió el capítulo el 5 de junio, Juan Claudio Colín estaba allí sentado junto a Julien Favre. La charla y el ambiente era de unidad y armonía. Se celebraron solemnemente, aunque con un poco de anticipación, las bodas de oro de ordenación sacerdotal de Colín. Lo más significativo fue que el capítulo le confió 'la redacción de nuestras reglas'. Todo el mundo, incluido el propio Colín, supuso que esto significaba basarse en el texto de Favre y revisarlo. Mientras tanto, se pidió a la Santa Sede que extendiera el período de prueba por seis años más.

El progreso, incluso con la ayuda de asistentes, era lento, ya que Colín se sentía incómodo con un texto básico que no era suyo. El momento decisivo llegó en abril de 1868, cuando Colín, en una visita a Belley, se enteró de la existencia de una copia de sus constituciones de 1842, que él pensaba ya no existían. A partir de ese momento, decidió volver a este texto, que expresaba mejor sus ideas, como base para las constituciones tan esperadas por la Sociedad.

Esta era una decisión potencialmente conflictiva. Por un lado, permitió que el trabajo avanzara sin problemas y rápidamente. Por otra parte, equivalía al abandono del mandato que le había otorgado el capítulo general, que él había intentado cumplir fielmente, y a la aceptación -o más bien a la reanudación- de un mandato que él consideraba haber recibido del cielo. La cuestión era: ¿reconocería la Sociedad este mandato?

Pronto quedó claro que la oposición a regresar a las Constituciones de Colín no se basaba sólo en el hecho de que la regla de Favre había sido aprobada provisionalmente por Roma. Se dudaba del derecho de Colín a ser considerado como fundador de la Sociedad de María y de la originalidad de su regla. Para entonces, muchos Maristas habían llegado a saber de Courveille. ¿No era él el verdadero fundador? ¿Cuáles fueron, en cualquier caso, los orígenes de la regla original? Las controversias sobre estos puntos no se resolvieron sino hasta 1870.

Se convocó a capítulo general para el 5 de agosto de ese año. Favre dijo a la asamblea: 'Nos hemos reunido no para dividir, sino para unir'. Todos deberían tener 'un espíritu de paz y unión' y evitar 'el triste ejemplo de algunas nuevas sociedades en las que el general y el fundador no están unidos y tienen cada uno sus propios partidarios'. Él 'preferiría morir' que encontrarse con tal división. Para eliminar la última duda, ambigüedad o sospecha que le quedaba sobre sus propias constituciones y las de Colín, declaró que 'circunstancias particulares' le habían obligado a publicar 'las reglas que ustedes conocen'. Pero ahora, 'el Reverendísimo Padre Fundador nos da su trabajo. Lo acepto con todo mi corazón'.

Una comisión establecida por el capítulo reconoció que 'el R. P. Colín es nuestro único y verdadero fundador', entendiéndose por este término aquel 'que no sólo ha pensado en una obra, sino que la organiza y le da vida'. Recomendó que el capítulo resolviera aceptar 'en principio' las Constituciones presentadas por él. El capítulo también adoptó una declaración de que la Santísima Virgen María es la verdadera fundadora de la Sociedad que lleva su nombre y que los miembros de la Sociedad la eligen como su 'primera y perpetua superiora'.

La importancia de esta declaración en su momento y en su contexto fue inmensa: simbolizaba la plena reconciliación de Colín y Favre en un acto en el que ambos 'desaparecieron', ya que ellos, con todos los Maristas, reconocían a María como su fundadora y superiora. Por lo tanto, poner el origen y el gobierno de la Sociedad en un plano sobrenatural no dispensó, por supuesto, a los Maristas de la investigación histórica del papel preciso que desempeñaron los 'instrumentos' humanos que María había empleado para establecer la congregación, ni de idear formas apropiadas de gobierno en su nombre. Sin embargo, esto significaba que no había más motivos para ponerse del lado del fundador o del superior general en contra del otro y así se eliminaba la amenaza de cisma. Era un buen ejemplo del 'desconocidos y ocultos' en la práctica.

Fue necesario suspender el capítulo por temor a la revolución tras la derrota militar de Francia ante Prusia y sus aliados alemanes el 2 de septiembre. Cuando se reunió de nuevo, en enero-febrero de 1872, el capítulo terminó el trabajo de examen y aprobación del texto. Sólo faltaba que las Constituciones Maristas fueran aprobadas por Roma. El Papa Pío IX dio su consentimiento el 28 de febrero de 1873.

El 25 de marzo de 1873, fiesta de la Anunciación, el Superior General anunció a toda la Sociedad la buena noticia de que 'nuestras Constituciones han sido definitivamente aprobadas por la Santa Sede'. Colín consideró que este acto significaba el final de su misión en la Sociedad.

Era necesario dar un paso más. El 9 de julio Julien Favre convocó un capítulo general especial para recibir y promulgar las Constituciones de la Sociedad de María aprobadas por la Santa Sede. El capítulo se reunió el 12 de agosto de 1873. Juan-Claudio Colín estaba allí, para ver la finalización de la obra de su vida. Sin embargo, no participó en ninguna de las sesiones plenarias.

El viaje de regreso de Colín a La Neylière el lunes 25 de agosto tomó a algunos Maristas por sorpresa, a pesar de que ya había habido rumores de que estaba a punto de irse. Se corrió la voz y los miembros presentes en la casa bajaron, cada uno con su ejemplar de las Constituciones. Colín entró en la sala capitular y se dejó caer en un sillón. Los presentes pidieron una última palabra del fundador. Se las arregló para decir algunas palabras, hasta que sus fuerzas se agotaron. Pidió ayuda para levantarse de la silla. Cuando los espectadores comprendieron que quería arrodillarse y pedir su

bendición, protestaron y le hicieron permanecer sentado. Él todavía
quería su bendición. Comenzaron, pero Colín les interrumpió para
pedir perdón por el mal ejemplo que les había dado y les rogó que
rezasen, para que Dios perdonase todas las faltas con las que había
'impedido la obra de la Santísima Virgen'. Los capitulares insistieron
en recibir su bendición, que dio en una fórmula latina bastante larga
que abarcaba toda la Sociedad y sus obras, las personas cercanas y
bienhechoras de los Maristas y todos los miembros de la Tercera
Orden. Querían recibir de él sus copias de las constituciones, pero
él insistía en que era el Superior general quien debía distribuirlas.
Querían que al menos tocara y bendijera sus ejemplares.

En este momento, los novicios, otros padres y algunos hermanos
entraron en la sala y pidieron su bendición. A estas alturas su voz era
apenas perceptible, y estaba llorando. El más cercano lo besó y todos
los demás querían el mismo privilegio. Era hora de irse. El carruaje
estaba esperando, e ignorando las protestas de Colín, lo llevaron a él
en su sillón. Así que se despidió del capítulo y de Lyon, para nunca
más volver.

Juan-Claudio podía ahora cantar su *Nunc dimittis*. Pero aún
no había terminado completamente su trabajo, y, aunque no tenía
fuerzas, pasó sus últimos años trabajando en una regla para la rama
laica de la Sociedad. Esto representaba un regreso a sus intenciones
anteriores expresadas en 1833.

Durante este tiempo, se ocupó de él el hermano Juan-Marie
Chognard, quien, durante algunos años, había sido su secretario
y asistente personal, y gradualmente se convirtió en su cuidador
y enfermero. Como la vista de Colín fallaba, Juan-Marie tomaba
su dictado y le leía, incluyendo su pasaje diario de la Biblia - una
costumbre que Colín había observado desde los días del seminario. Se
estaba debilitando, y cuando, en el otoño de 1875, comenzó la lectura
del Libro de Job, comentó que no creía que lograría terminarlo. Murió
tranquilamente el 15 de noviembre de 1875 a la edad de ochenta y
cinco años. Sus restos mortales descansan en La Neylière.

Foto antigua del altar y tumba La Neylière

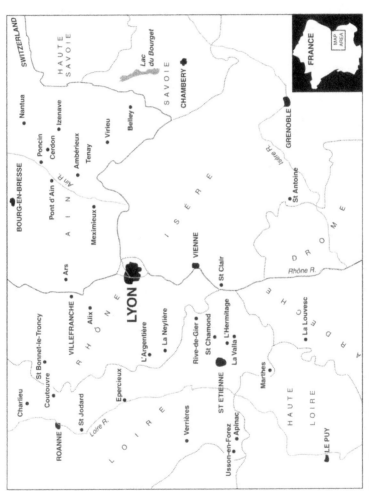

Mapa Lugares de los orígenes maristas

CPSIA information can be obtained
at www.ICGtesting.com
Printed in the USA
JSHW020805290322
24361JS00003B/239